아미타여래상

부처님께서 이 아미타경을 고심 끝에 설하시게 된 이유는 불쌍하게 죽은 영혼들만을 위해서가 아니다. 살아있으면서도 아직까지 삶의 방향을 제대로 잡지 못하고 방황하는 산 사람들을 위하여 영원히 행복하게 살아갈 수 있는 영생의 길을 고구정녕하게 제시하신 말씀이기 때문에 죽기 전에 이 한 권의 경전을 손에 넣는다는 것은 사실 인생 중에서 가장 큰 행운을 잡는 절호의 순간이 되는 것이다.

극락세계 1

공파 스님 번역

불광출판부

불설무량수경
Sukhavati-vyuha

Buddham Saranam Gacchami
Dhammam Saranam Gacchami
Sangham Saranam Gacchami

달아! 서방까지 가나이까?
무량수불 앞에 가 말씀 좀 아뢰 주소서.
깊은 믿음으로 부처님께 두손 모아
원왕생 원왕생 그리워하는 사람 있다고
말씀 좀 전해 주오.
아 아 !
이 몸 버려두고 48대원 이루어지실까.

曹魏 康僧鎧(Samghavarman) 漢譯
韓國 曹溪沙門 空波無垢 國譯

극락세계는 어떤 곳인가?!
극락세계에는 식당이 없다.
숟가락도 없고 젓가락도 없으며
쌀가게도 없고 반찬가게도 없다.
생선도 없고 육류도 없으며
음식 쓰레기도 없고 화장실도 없다.
왜 그런가?

그곳에는 광케이블도 없고 인터넷도 없다.
물론 자동차도 없고 전철도 없으며 비행기도 없다.
그러므로 가스도 에너지도 없고 유전도 없다.
핵발전소도 없고 핵폐기물도 없다.
왜 그런가?

그곳에는 잘 생기고 못 생기고 하는 차별의 모습이 없다.
모두 다 똑같이 생기고 똑같은 피부를 갖고 있다.
그러므로 크고 작고 야위고 뚱뚱한 체형도 없다.
물론 남자도 여자도 없고 어른도 아이도 없다.
왜 그런가?

그곳에는 남녀의 사랑도 없고 이별의 아픔도 없다.
그러므로 결혼식장도 없고 가정법원도 없다.
백일잔치도 없고 환갑잔치도 없다.

왜 그런가?

그곳에는 부자도 가난한 자도 없다.
거지도 없고 거부(巨富)도 없다.
은행도 없고 등기소도 없으며 사무실도 없고 백화점도 없다.
왜 그런가?

그곳에는 수영장도 없고 볼링장도 없으며
경마장도 없고 골프장도 없다.
미용실도 없고 사우나도 없으며
코디네이터도 없고 화장품도 없다.
왜 그런가?

그곳에는 총도 없고 대포도 없으며
핵잠수함도 없고 원자폭탄도 없다.
군인도 없고 부대도 없고 전쟁도 없다.
왜 그런가?

그곳에는 도둑도 없고 폭력도 없다.
경찰도 없고 죄인도 없다.
검사도 없고 판사도 없으며 변호사도 없다.
물론 경찰서도 없고 감옥도 없다.
왜 그런가?

그곳에는 모기도 없고 파리도 없다.

바퀴벌레도 없고 황소개구리도 없다.
독사도 없고 쥐도 없으며 가축도 없고 야생동물도 없으며
우유도 없고 사냥도 없다. 물론 도축장도 없고 동물원도 없다.
왜 그런가?

그곳에는 환자가 없다. 물론 장애인도 없다.
사고로 인한 불구자도 없고 정신병자도 없다.
그러므로 병원도 없고 의사도 없으며 간호사도 없다.
왜 그런가?

그곳에는 편지도 없고 전보도 없다.
전화도 없고 호출기도 없다.
우편물도 없고 우체국도 없다.
왜 그런가?

그곳에는 시험이 없다.
입학시험도 없고 취직시험도 없고 승진시험도 없다.
책도 없고 공책도 없으며 고시원도 없고 학교도 없다.
시계도 필요없고 시간도 필요없다.
왜 그런가?

그곳에는 공장이 없다. 매연도 없고 소음도 없다.
노동자도 없고 사용자도 없다.
농사도 없으며 농부도 없고 곡식도 없다.
물론 산도 없고 바다도 없다.

왜 그런가?

그곳에는 춥고 덥고 하는 계절이 없다.
그러므로 난로도 없고 에어컨도 없다.
태풍도 없고 가뭄도 없으며 홍수도 없다.
댐도 상수도도 하수도도 없다.
왜 그런가?

그곳에는 대통령도 없고 권력도 없고 돈도 없다.
정치도 없으며 선거도 없고 외교도 없다.
세금도 없으며 세무소도 없다.
주민등록증도 없고 면허증도 없으며 여권도 없다.
왜 그런가?

그곳에는 귀신도 없고 악령도 없다.
점도 없고 제사도 없으며 화장터도 없고 묘지도 없다.
늙어 죽는 자들도 없고 자살하는 사람도 없다.
왜 그런가?

그곳에는 담배도 없고 술도 없고 마약도 없다.
술집도 없고 호텔도 없으며 도박장도 없다.
오락실도 없고 영화관도 없으며
커피숍도 없고 디스코텍도 없고 노래방도 없다.
왜 그런가?

극락세계에 대하여

극락세계는 열반이 아니다. 열반의 세계가 바다라면 극락세계는 큰 강에 비유할 수 있다. 그러므로 그곳은 일체중생들이 궁극적으로 회귀해야 하는 정점지가 아니다. 그러나 큰 강의 흐름에 일단 합류하게 되면 바다가 끌어당기는 흡인력에 의해 자연히 바다에 유입되어지는 것처럼 극락세계에 일단 태어나게 되면 시간의 장단(長短)이 있을지언정 언젠가는 반드시 열반의 세계에 무사히 안착되게 되는 것이다.

그러므로 극락세계는 열반이 아니다. 그곳은 열반에 들어가는 행로에 아미타불이 인간완성의 기치로 거대하게 건립해 놓은 수련도장일 뿐이다. 그곳에서 수련을 마친 부처들이 시시때때로 배출되어 인연따라 전 중생세계에 고루 나타나서 그들을 제도하고 그들을 교화하는 것이다. 그러므로 극락세계는 부처를 생산해 내는 거대한 부처학교라고 표현할 수 있다.

사실 이 사바세계는 부처가 될 수 있는 조건과 환경이 우주 중생계 가운데서도 가장 열악하기로 소문난 곳이기 때문에 이 사악한 세상에서 공덕과 선행을 부지런히 닦아서 성불한다는 것은 거의 불가능한 일이다.

그래서 일단 모든 조건이 완벽하게 갖추어진 극락세계에 가 태어나기만 하면 공덕과 선행을 닦는 데 있어서 전혀 문제될 것이 없기 때문에 우선적으로 그곳에 왕생하려고 노력해야 하는 것이다. 왜냐하면 아미타불 밑에서 하루 동안 선행을 닦으면 이 세상에서 수만년을 힘들게 선행을 닦는 공덕보다도 더 수승하고 더 뛰어나기 때문이다.

그처럼 그곳은 학군적으로 이 우주 가운데서 가장 완벽한 교육시설을 갖추어 놓고 근기가 나약하고 지혜가 박약한 말세의 중생들을 부처로 양육하는 최적의 교육장소인 것이다. 다른 말로 표현하자면 그곳은 박복하기 그지없는 미완성된 인간을 불러다가 복덕과 지혜가 충만하게 완성된 부처로 양육하는 거대한 인큐베이터 같은 곳이라고 말할 수 있는 것이다.

그러나 많은 사람들이 극락세계를 열반의 세계와 동일시하고 있다는 데 문제가 있다. 엄격히 말해서 극락은 우주에 무수히 산재해 있는 중생계의 각 행성에서 부처가 되고자 위대한 꿈을 갖고 왕생한 거룩한 수행자들이 아미타 부처님을 모시고 공덕을 닦는 엄격한 수련도량이지 게으르게 안락을 누리며 호의호식으로 태평가를 부르고 무위도식으로 세월만 하릴없이 보내는 그런 곳은 절대로 아니라는 것이다.

그러므로 그곳은 이 지상 어느 곳보다도 더 열심히 수행하고 더 바쁘게 부처님을 공양하면서 더 부지런히 공덕과 선행을 닦아야 하는 곳이기 때문에 부처님을 믿지 않고 또한 자신도 부처가 되고자 하는 마음이 없는 사람들은 그곳에 결코 태어날 수가 없는 것이다.

즉 본인이 직접 그 세계에 태어나기를 간절히 바라면서 끝없는 공덕을 쌓고 하염없이 염불을 하여야 그곳에 태어나는 것이 가능한 일이지, 본인이 지성으로 원하지 않는데 후손들이 아미타 부처님께 통곡으로 애원하고 그를 떠밀다시피 하여 억지로 왕생시킬 수 있는 곳은 결코 아니라는 것도 반드시 알아야 할 것이다.

왜냐하면 부처가 되고 싶지 않는 사람이 그 세계에 가 태어나게 되면 그 출생 자체가 이미 고역이고 더 없이 불행한 일이 되어 버리기 때문에 그곳을 극락이라고 부를 수가 없기 때문이다.

아무리 고통스럽고 아무리 괴롭다 하더라도 이 사바세계에 다시 태어나 치열한 경쟁 속에서 서로 속고 서로 속여가며 반복해서 또 힘들게 살아가고 싶은 사람들은 절대로 그곳에 왕생하려고 노력해서는 결코 안 되는 이유가 바로 여기에 있다.

왜냐하면 일단 그 극락세계에 가 태어나게 되면 윤회의 고리가 완전히 끊어져 버리기 때문에 아무리 이 땅에 다시 돌아오고 싶어도 부처가 되지 않는 이상 다시 이 사바세계에 인간으로 태어나기는 절대로 불가능한 일이기 때문이다. 흡사 유능한 인솔자가 되기 위해 훈련소에 입소한 생도가 훈련을 다 마치기 전에는 결코 귀가할 수 없는 것과 같은 논리이다.

그러므로 가족을 부처로 만들고 싶은 사람들은 지금부터 그들을 우주 최고의 명문학교인 극락세계에 입학시키도록 노력해야 할 것이다. 그 학교에만 입학하게 되면 그들은 완전 장학생으로 최적의 환경과 최고의 캠퍼스에서 끝없는 공덕과 선행을 닦아 모든 자유를 마음껏 누리며 영원히 살 수 있는 깨달음의 방법을 완벽하게 배울 수 있으니까 말이다.

그 학교의 총장은 물론 아미타불이며 임직원들은 바로 수많은 대승의 보살들로 구성되어 있고 지도교수는 사바세계에 자비의 화신으로 너무나 잘 알려진 최고의 스승 관세음보살과 대세지보살이 맡고 있기 때문에 누구든지 일단 그곳에 가 태어나기만 하면 모두다 부처가 되는 것은 확실하게 보장받을 수 있게 되는 것이다.

그 부처학교의 입학요건은 환경대학이나 노인대학에 들어가는 절차보다도 더 쉽고 더 간단하여 누구든지 지성스런 마음으로 굳게 발원만 한다면 언제든지 왕생할 수 있도록 아직도 그 대문은 사바세계 쪽으로 주야장천 열려져 있는 상태이다. 그렇기 때문에 진정으로 행복과 영생을 원하는 자들이라고 한다면 이제 더이상 그 세계로 나아가는 데 있어서 조금도 망설이거나 주저하지 말아야 할 것이다.

그렇다면 누구나 다 극락세계에 태어날 수 있다는 것인가. 절대로 그렇지 않다. 태어날 수 없는 사람들이 분명히 있다.

불교에서 말하는 다섯 가지 극악무도한 죄업을 지은 자들은 극락세계에 태어날 수 없다. 그리고 또 있다. 불법을 비방하거나 열 가지 악행을 저지른 자들도 엄격히 제외된다. 부처님은 본문에서 그런 자들은 극락세계에 태어날 수 있는 자격이 상실된다고 단호하게 밝히시고 계시기 때문이다.

다른 모든 경전들도 다 그렇지마는 부처님께서 이 무량수경을 고심끝에 설하시게 된 이유는 불쌍하게 죽은 영혼들만을 위해서가 아니라 살아 있으면서도 아직까지 삶의 방향을 제대로 잡지 못하고 방황하는 산 사람들을 위하여 영원히 행복하게 살아갈 수 있는 영생의 길을 고구정녕하게 제시하신 말씀이기 때문에 죽기 전에 이 한 권의 경전을 손에 넣는다는 것은 사실 인생 중에서 가장 큰 행운을 잡는 절호의 순간이 되는 것이다.

그러므로 아직까지 입이 열리고 골절이 움직이고 있는 신실한 사람들은 오탁이 치성한 이 사바세계를 벗어나 극락세계에 기필코 왕생하여 부처가 될 수 있도록 끊임없이 그분을 염불하고 그분의 공덕을 찬탄하며 그분의 본원에 경배해야 할 것이다. 아울러 수많은 공덕과 선행을 부지런히 닦아 나가야 할 것이다.

그것이 이 세상에 태어난 인간이 해야 할 궁극적인 목적이며 지표이기 때문에 그렇게 하는 자는 최고의 미덕을 닦고 최고의 아름다움을 가꾸게 되어 후일 전 중생들의 영원한 귀의처가 되는 부처가 틀림없이 되게 될 것이다.

나무 아미타불!

번역자의 변(辯)

극락세계는 대승불교의 뿌리깊은 기반이며 불변의 터전이다. 이 세계를 두고는 그 어떠한 교리도 예식도 중생들에게 가까이 근접할 수가 없다. 그만큼 이 극락세계는 중생들의 심성에 깊이 내존되어 있는 영원한 관심처이면서도 궁극적인 귀의처가 되어 있는 것이다.

그러한 극락세계에 대해 부처님께서 설파하신 경전은 불설아미타경과 불설무량수경, 불설관무량수불경, 능엄경세지보살염불장과 화엄경보현보살행원품 등이 있다. 그 중에서도 특히 일반인들에게 널리 알려진 세 가지 경전이 있는데, 그것을 우리는 통상 정토삼부경이라고 한다.

첫 번째는 불설아미타경인데, 이것은 이 무량수경의 축소판이라고 보면 타당할 것이다. 비록 작은 분량이지만 극락세계를 가장 적나라하게 서술한 경전이다. 이 경은 소납(小衲)이 알기 쉽게 현대문장으로 역해하여『극락세계 3』으로 이미 시중에 내어 놓았다.

두 번째는 바로 이 불설무량수경인데, 원전에는 제목이 특이하게도 극락세계라고 되어 있다. 하지만 한역(漢譯)을 하면서 제목을 모두다 불설무량수경이라고 붙여 지금까지 통용하고 있는데, 이 경전은 극락세계에 대한 건립과 장엄, 그리고 그곳에 살고 있는 중생들에 이어 왕생하는 자들에 대하여 광범위하게 해설하고 있다. 그래서 이 경을 대경(大經)이라고 하고 아미타경을 소경(小經)이라고 부르기도 한다.

세 번째는 관무량수불경인데, 이것은 부처님께서 위제희 왕비에게 현세에서 인간의 보통눈을 가지고 극락세계와 아미타불을 직관할 수 있는 16가지 선정의 방법을 말씀하신 것이다. 그 경전이 있게 된 자세한 동기는 이 책 뒷부분에 별편으로 간략하게 설명을 해 놓았으니 참고하시기 바란다.

사실 이제까지 많은 번역본이 출간되었다는 것을 알고 있지만 모두다 너무 어렵게 번역되었거나 혹은 잘못된 번역이 허다하다는 제방의 여론에 밀리어 천박한 식견을 무릅쓰고 감히 그러한 문제점들을 다소나마 해소하기 위해 겁없이 이러한 졸작을 내어놓게 되었으니 선배제현들은 이 병납(病衲)의 오만함을 너무 꾸짖지 말아 주었으면 하는 바람이다.

그리고 이러한 번역의 불사를 조금이나마 감당할 수 있도록 병든 천납(淺衲)을 이제까지 아껴주고 지도해 주신 국내외의 모든 스승들과 고마운 지우(知友)들께 한없는 감사의 계수(稽首)를 올린다.

덧붙여서 나의 왕생정진을 꾸준하게 도와주고 있는 내 모든 제자들에게 깊은 감사를 드린다. 하다못해 이 번역 불사로 나에게 미미한 공덕이 돌아온다 해도 이것을 그들에게 감사히 회향하고 싶다.

Sadhu! Sadhu! Sadhu!

2541 B.E. 가을의 문턱에서.
수미산인(須彌山人) 공파(空波) 합심(合心)

차례

극락세계에 대하여 ──────────── 9
번역자의 변(辯) ──────────── 14

불설무량수경 상권 ──────────── 19
제1장 서분(序分) ──────────── 21
제2장 정종분(正宗分) ──────────── 35

불설무량수경 하권 ──────────── 97
제3장 유통분(流通分) ──────────── 177
제4장 불설무량수경 한자 원문 ──────────── 183

『극락세계 2』관무량수불경에 대하여 ──────────── 207

불설무량수경

상권

이 경전을 읽게 되는 모든 독자들은 2541년 전으로 거슬러 올라가야 한다. 즉 부처님이 열반하시고 난 뒤 그분의 말씀을 결집하기 위해 필발라굴에 모여든 500명의 고승들 속에 숨어 들어가야 한다. 그러면 아난 존자가 부처님께서 이 경전을 설하시던 당시 상황을 생생하게 기억하며 구술로 그 말씀을 재현하는 것을 직접 듣게 될 것이다.

제1장
서분(序分)

겨울이 다가오면 월동 준비로 바빠진다.
김장을 하고 문풍지를 바른다.
추운 겨울을 따뜻하게 보내기 위해서이다.

이보다 한 차원 더 높은 수행자들은 지금부터 내생을 준비한다.
부지런히 수행을 하고 공덕을 닦는다.
다음 세상에 여기보다 더 안락한 세상에 태어나기 위해서이다.

불설무량수경 상권

제1장 서분(序分)

저는 이와 같이 들었습니다.

어느 한때 부처님께서는 마가다국의 수도인 왕사성 동북쪽에 위치한 기사굴산에 머무르고 계셨습니다.

그때 이미 신통을 얻은 요본제 존자와 정원 존자, 정어 존자, 대호 존자, 인현 존자, 이구 존자, 명문 존자, 선실 존자, 구족 존자, 우왕 존자, 우루빈나가섭 존자, 가야가섭 존자, 나제가섭 존자, 마하가섭 존자, 사리불 존자, 대목건련 존자, 겁빈나 존자, 대주 존자, 대정지 존자, 마하주나 존자, 만원자 존자, 리장 존자, 류관 존자, 견복 존자, 면왕 존자, 이승 존자, 인성 존자, 가락 존자, 선래 존자, 라운 존자에 이어 저 아난이 일만이천 명이나 되는 큰비구들을 지도하며 그분을 모시고 있었습니다.

또 그분은 보현 보살과 묘덕 보살 그리고 미륵 보살 같은 대승의 큰보살들도 수없이 많이 거느리고 계셨는데, 그분들은 이 사바세계에 일천 분의 부처가 차례로 태어나실 때 그 부처님들을 도와 중생들을 교화하실 큰 보살들입니다.

또 세속에 있으면서 보살들의 정도를 행하는 현호 보살과 보적 보살, 성덕 보살, 제천 보살, 수천 보살, 선력 보살, 대의 보살, 수승의 보살, 증의 보살, 선발의 보살, 불허견 보살, 불휴식 보살, 불소의 보살, 도사 보살, 일장 보살, 지지등 보살 등과 출가해서 보살의 덕행을 닦는 선사의 보살, 신혜 보살, 공무 보살, 신통화 보살, 광영 보살, 혜상 보살, 지당 보살, 적근 보살, 원혜 보살, 향상 보살, 보영 보살, 중주 보살, 제행 보살, 해탈 보살들이 그곳에 함께 계셨는데, 그분들은 모두다 보현 보살의 덕행을 따라 수행하는 보살들입니다.

사실 석가모니 부처님은 모든 보살이 궁극적으로 구비해야 하는 끝없는 수행과 한없는 행원을 완벽하게 갖추시고 온갖 공덕의 세계에 편안히 안주하시게 되었습니다. 그러나 남아 있는 불쌍한 중생들을 위하여 두루 시방세계를 다니시면서 그들을 진리의 세계로 이끌어 열반에 도달하도록 천차만별의 무량한 방편을 시설하기에 이르렀습니다.

그래서 그분은 오래 오래 전에 이미 부처가 되셨지마는 중생들에게 수행의 정로(正路)와 깨달음의 세계를 사실적으로 보여 주시기 위하여 한량없는 중생세계를 번갈아가며 우리와 같은 인간의 몸을 받고 태어나 부처가 되는 과정을 세밀하게 시범적으로 나타내 주시곤 하였습니다.

너무나 영광스럽게도 드디어 우리의 차례가 되었습니다. 그분은 이제 우리의 사바세계를 교화의 대상으로 선택하셨기 때문입니다. 우리 머리 위로는 수없는 하늘나라들이 있는데, 그 중에서 네 번째 하늘인 도솔천에서 그 세계의 중생들을 교화하시다가 그 천궁의 안위를 버리고 사바세계에서 가장 수승한 복덕을 갖춘 카필라국 정반왕의 왕비 마야 부인의 몸을 택해 신통력으로 그분의 태중에 드셨던 것입니다.

보통사람과 같이 열 달을 지나 해산일을 맞이하자 그분은 마야 왕비의 오른쪽 옆구리를 상처 하나 내지 않은 상태로 출생하셨습니다. 그리고는 곧 일곱 걸음을 걸어가시자 그 몸에서 나오는 광명이 전 우주 속의 모든 부처님세계를 고루 찬란하게 비추어 갔습니다. 그러자 그 많고 많은 세계의 모든 땅들이 사바세계에 드디어 한 분의 부처가 태어날 것이라는 사실에 매우 감동되어 여섯 종류로 크게 진동하기 시작하였습니다.

그때 부처님은 "반드시 나 스스로 이 사바세계에서 제일 높은 부처가 되고야 말 것이다"라고 우렁차게 포효하셨습니다. 그 대갈일성을 듣고 하늘나라의 제석천왕과 범천왕이 달려와 호위하고 한량없는 하늘사람들이 앞다투어 그분을 받들고 예경하며 그분 발 아래 무릎을 꿇었습니다.

점점 성장해감에 따라 그분은 산술과 문학, 예술에 이어 활쏘기, 말타기와 모든 기술과 도술을 익히고 온갖 부류의 서적을 탐독해 학문을 고루 넓혀 나가셨습니다. 또 왕궁의 뒤뜰에서 무술과 무예를 비밀히 연수하면서 야수다라와 사랑에 빠지기도 하셨고, 최고의 궁중요리로 미식의 즐거움을 마음껏 누리며 행복한 청년시절을 보내기도 하셨습니다.

그러다가 우연히 성 밖에서 중생들이 나고 늙고 병들고 죽어가는 현실을 목격하시고 '세상에는 결코 영원한 것이 없다'는 사실을 깨닫게 되셨습니다. 그래서 그분은 나라와 재물과 직위를 모두 초연하게 버리고 눈 덮인 설산에 들어가셔서 깨달음의 도를 배워야 되겠다고 결심하시고 곧바로 실행에 옮기셨습니다.

보석으로 치장된 금관과 태자의 신분으로 몸에 지니고 있던 모든 장식보물들을 떼어내 타고 온 백마에 실었습니다. 주인과 떨어지지 않으려고 슬피 울며 버티는 백마를 달래어 궁중으로 돌아가게 하고 입고 있던 비단옷을 벗어버리고 수행자의 법복을 어깨에 걸쳤습니다. 마지막으로 그분은 머리와 수염을 말끔히 자르고 나무 밑에 단정히 앉아 육 년 동안 거룩한 수행길에 오르시어 뼈를 깎는 수행의 고행을 줄기차게 계속해 나아가셨습니다.

전 허공계에서 오탁악세로 중생들의 죄업이 두텁기로 소문난 이 사바세계의 중생들을 택하시다 보니 그들의 죄업을 벗기는 과정이 너무나 힘들고 고통스러울 수밖에 없었습니다. 그래서 그분은 말로 형언할 수 없는 온갖 고통을 다 이겨내고 육 년 동안 미루어 왔던 목욕을 하기 위하여 니련선하의 강에 들어가셨습니다.

이 사바세계에서 죄업의 뿌리를 뽑아 버리고 깨달음을 얻는다는 것은 정말로 힘들고 어려운 작업이라는 것을 암시적으로 보여주시기 위하여 그분은 인간의 힘으로 이겨낼 수 있는 모든 극한의 한계점까지 그 고행을 끌고 가셨습니다.

그러다보니 이제 그 강에서 밖으로 나올 기력마저 남아 있지 않았습니다. 그것을 안타깝게 보고 있던 하늘의 범천왕이 나뭇가지를 드리워 드리자 그분은 그 나뭇가지를 힘들게 잡고 뭍으로 겨우 올라올 수가 있었습니다.

　그때 어디서 날아 왔는지 알 수 없는 아름답고 신령스런 새들이 그분 주위에 몰려들어 그분의 수행을 찬탄하고 격려하면서 상서롭게 주위를 맴돌았습니다. 다시 또 선정에 들어가기 위해 마땅한 자리를 찾고 있는데, 풀을 베고 있던 동자가 얼른 길상초를 엮어 좌대를 만들어 드리면서 이것을 받아달라고 애원하였습니다.

　그분은 동자의 보시를 기쁘게 받아들이면서 그를 칭찬하시고 주위에 있던 보리수 나무 아래에 그 풀자리를 깔고 앉아 다시 깊은 선정의 세계에 몰입해 들어 가셨습니다. 선정이 무르익어 지혜의 대광명이 솟아 오르자 마왕이 당황하고 놀라서 곧 자기들의 권속을 거느리고 달려와 그분을 핍박하고 그분 온갖 종류의 시험에 들게 하였지만 그분은 솟아오르는 지혜의 힘으로 그들을 모두다 항복시키고 미묘한 진리를 깨달아 드디어 우주의 큰 스승이신 부처님이 되셨습니다.

　최고의 올바른 깨달음을 증득해 무한한 법열에 깊이 젖어 있을 때 제석천왕과 범천왕이 무릎을 꿇고 부처가 되는 방법을 중생들에게 고루 설파해 달라고 지극히 간청하는 것을 가상스레 받아들이고 천천히 일어나 여러 인연 있는 곳을 찾아 다니시면서 사자후 같은 우렁찬 목소리로 진리의 북을 치고 진리의 고둥을 불며 진리의 칼을 휘두르고 진리의 깃대를 드높이 휘날리며 미몽에 취해 있는 중생들의 깊은잠을 깨워나갔습니다.

　또 우레 같은 진리를 펴고 번개불 같은 섬광으로 진리를 드러내어 목마르게 도를 구하는 구도자들에게 진리의 감로법을 흠뻑 적셔 그들을 평안케 하는 법문을 아낌없이 토해내기 시작하셨습니다.

그분은 언제 어디서나 항상 진리만을 말씀하시면서 일체 중생들을 미혹에서 깨어나게 하시다 보니 그 공덕의 광명이 한량없는 부처님세계를 두루 비추는 것이었습니다. 그러자 그 많고 많은 허공계의 세계가 깊이 감동되어 여섯 가지로 진동을 하니, 그 여파가 악마의 세계에까지 깊숙이 사무쳐 들어가게 되었습니다.

그러자 악마의 궁전이 크게 흔들리어 요동치니 그 무리들이 모두 놀라고 당황하여 어쩔 줄 모르며 두려움에 떨다가 이내 모두다 부처님께 귀의하기 위하여 그분의 발 아래 엎드려 항복을 빌었습니다.

그분은 세상을 뒤덮고 있는 사악한 악마의 그물을 찢어없애고 망령된 소견으로 언제나 투쟁을 즐기는 그 못된 근성들을 완전히 소멸시켜 모든 번뇌들을 깨끗이 털어 없애 주셨습니다. 그리고 모든 탐욕의 구덩이를 무너뜨리고 진리의 성을 굳건히 보호하셨습니다. 그리고 최고의 가르침으로 중생들의 번뇌를 순결하게 씻어주어 맑고 순백한 모습들을 밝게 드러내 주셨습니다.

광명과 융화의 가르침인 불법으로 중생들을 올바르게 가르치고 교화시키기 위해 당신은 여러 나라를 다니시며 중생들에게 온갖 가지의 음식을 골고루 받아들임으로써 그들에게 공덕을 짓는 기회를 부여해 복락을 받도록 해 주셨으며, 어떤 때는 법문을 하시고 어떤 때는 자비로운 미소로 그들의 들뜬 마음을 진정시켜 그들에게 고요와 평안의 마음을 알게 해주셨습니다.

그분은 당신이 갖고 계시는 모든 진리의 양약으로 탐욕스런 마음과 성내는 마음, 그리고 어리석은 마음으로 고통받고 있는 일체 중생들을 모두 다 치료하여 구제해 주셨습니다. 그로 인해 그 중생들이 도심을 발하게 되면 한량없는 공덕이 드러나게 된다는 것을 일깨워줌과 동시에 후일 반드시 부처가 될 것이라는 수기도 주셨습니다. 그리고는 중생들에게 세상을 떠나는 열반의 모습을 보이셨으나 그 가르침은 아직도 끝없이 중생을 제도하여 모든 번뇌와 업장을 소멸시켜 주고 있으며, 또 한량없는 선근의 근본을 심게 하고 있습니다. 그러한 공덕이 쌓이고 쌓여 완전하게 되는 날이면 이 중생세계는 더없이 아름답고 더없이 미묘하게 될 것입니다.

이와 같이 모든 부처님국토에 자유자재로이 태어나셔서 모든 중생들에게 깨달음의 가르치심을 고루 균등하게 펴고 계시나 그분이 일찍이 행하여 오신 청정한 수행의 공덕은 조금도 부족하거나 훼손됨이 없으십니다.

비유하자면 온갖 모습을 임의대로 다 만들어내는 능란한 요술사와 같아서 자기 자신을 남자거나 여자거나 할 것 없이 원하는 대로 변화시켜 걸림없이 나타내는 것과 같습니다. 그 능력은 바로 오랫동안 수행하여 얻은 깨달음의 힘으로써 무슨 모습이든 마음만 먹으면 그대로 다 이루어지는 신통력을 갖고 계시기 때문입니다.

그러한 부처님을 따르는 모든 보살들도 전부 신통력을 성취하신 거룩한 분들이었습니다. 그분들은 부처님께 일체의 진리법을 완벽하게 배워 오랜 세월 동안 중단 없는 정진으로 보살도를 직접 실천해 오신 분들이셨습니다.

그분들은 그 수행의 힘으로 늘 평화로운 모습과 자비로운 마음으로 중생들에게 나타나시기 때문에 그분들의 자태에 감화되지 않는 중생은 결코 한 사람도 없습니다. 그분들은 수없이 많고 많은 부처님세계에 자기들의 모습을 다양하게 나타내 부처님을 도와 중생을 제도하고 계시지마는 단 한 번도 교만한 생각이나 방자한 마음을 내는 일이 없는 고마운 분들입니다.

그분들은 언제나 중생들을 가엾고 불쌍하게 보아 늘 자상하게 보살펴 주십니다. 왜냐하면 그분들은 보살이 갖추어야 하는 일체의 공덕과 지혜를 완벽하게 구비하신 분들이시기 때문입니다. 그분들은 대승의 경전에 들어 있는 진리의 오묘한 이치를 투철하게 모두 다 밝혀낼 수 있는 힘이 있도록 수없는 세월 동안 바라밀행을 해오셨기 때문에 그 이름들이 시방허공계에 널리 퍼져 모든 중생들이 그분들을 흠모해 따르고 한량없는 부처님들께서도 그분들을 모두다 기억하시고 또 그분들이 행하는 불사를 끝없이 보호하여 주시고 계십니다.

그 보살들은 부처님께서 안주하시는 지위에 이미 올라와 있고, 또 대성인이 일으키신 서원처럼 그분들도 모두다 큰 서원을 이미 세운 분들이기 때문에 부처님을 도와 중생을 지도하고 교화시키는 데 큰 몫을 다할 수 있는 것입니다. 그래서 제각각 중생의 근기에 따라 불법을 선포하여 깨달음의 세계에 진입하고자 원을 세운 초심보살들의 큰 스승이 되어주시고 계십니다.

또 그분들은 모든 법계의 체성을 투철히 통달하시다 보니 우주 가운데 펼쳐져 있는 한없는 중생세계의 형세를 완전히 파악하고, 또 온갖 중생들이 갖고 있는 수많은 죄업의 양상을 정확히 꿰뚫어 보실 수 있는 깊은 선정과 심오한 지혜의 힘을 갖고 계십니다. 그 힘으로 어리석은 중생들의 마음을 열어 끝없이 열반으로 인도해 가시는 것입니다.

그리고 모든 부처님께 공양을 올릴 때에는 자신들의 육신을 그 세계에 맞게 변화시켜 번개 같은 속도로 수없는 부처님들을 찾아 뵙고 공양을 올립니다. 그리고 그 어떠한 두려움도 없도록 불법을 잘 배워서 표면에 나타난 환상과 허상들의 현상을 훤하게 관조해 보십니다. 그로 인해 중생을 미혹하게 가두어 두는 일체의 사악스런 가르침을 찢어 없애어서 그 그물에 얽매여 있는 가련한 중생들을 모두 다 해방시키고 있습니다.

그분들은 세상의 공한 이치를 통달하고, 또 법계의 성품은 일정한 모양이 없다는 사실을 깨달았으며, 그로 인해 더 이상 무엇을 따로 외부에서 구할 것이 없다는 이치를 증득하다 보니 결국 성문이나 연각의 지위를 초월하시게 된 것입니다.

그러나 천차만별의 근기를 가지고 있는 중생들을 교화시키기 위해 어쩔 수 없는 방편으로 성문이나 연각, 그리고 보살의 법을 때에 따라 멋지게 내세워 그들을 지도하고, 또 성문 연각의 모습으로 저열한 열반을 등차적으로 보여주기도 하십니다.

그러나 법계의 체성은 본래부터 텅텅 비어 있기 때문에 그곳에다 무엇을 인위적으로 조작할 수도 없으며, 또 어떤 것들을 사실로 있도록 할 수도 없는 것입니다. 그 본성은 새롭게 태어나는 것도 아니며 오래되어 없어지는 것도 아닌 상태로 고요하고 현묘하기만 합니다. 그분들은 이러한 평등의 진리를 체득하시고 한량없는 다라니와 백천의 삼매로 중생들의 실상을 정확히 직시하는 지혜를 완벽하게 구비하셨던 것입니다.

언제나 그분들은 넓고 큰 선정으로 보살이 갖추어야 하는 진리의 법장에 깊이 들어가 부처님의 화엄삼매를 증득하고 일체 중생을 위해 모든 경전을 선창하고 연설하십니다.

깊은 선정의 세계에 안주하다 보니 한 생각 사이에 전 허공계에서 각기 다른 중생들을 제도하시는 현재의 수많은 부처님들을 일시에 두루 뵐 수 있는 능력을 갖고 계십니다. 그러한 능력으로 온갖 고통과 괴로움으로 시름하고 있는 일체 중생을 제도하시는데, 중생들의 사정과 형편에 따라 진실된 법의 공덕을 그들의 수준에 맞도록 분류하여 그 혜택을 아낌없이 골고루 나누어 주시고 계십니다.

그분들에게는 일체의 만물을 마음대로 조종하고 자유롭게 자신을 분화시키는 신통력이 있다 보니 힘없고 가엾은 중생들을 보게 되면 자발적으로 정다운 벗이 되어 주시고 무거운 죄업에 짓눌리어 있는 힘든 자들을 보면 그 짐들을 풀어 당신의 어깨에 직접 짊어지십니다.

여래의 심오한 가르침을 정확히 받아 지녀 중생세계에 부처님의 종자가 절대로 끊어지지 않도록 언제 어디서나 그 불법을 굳게 지키고 대자대비한 마음을 일으켜 모든 중생들을 가련히 보아 인자하게 보살피시며, 자애로운 말씀으로 그들을 훈육시켜 진리의 모습을 명확하게 볼 수 있는 법의 눈을 뜨게 해 주십니다.

죄업에 이끌리어 지옥 아귀 축생의 고통세계에 겁도 없이 꾸역꾸역 들어가는 중생들의 행렬을 안타깝게 보시고 그 길목을 차단해 즐거움이 가득찬 천상의 세계로 나아가도록 방향을 잡아 주시는 그 고마운 은혜는 마치 착한 효자가 그 부모를 공경하는 것과 같이 아무러한 대가도 바라지 않는 애민의 마음으로 끝없이 중생들을 보살피고 계시는 것입니다.
　모든 중생의 고통과 어려움을 당신의 고통과 어려움으로 기꺼이 받아들이시고, 그들을 교화해 선업과 복덕을 심게 하며, 모두다 열반의 세계로 나아가 부처님이 갖고 계시는 무량한 공덕을 성취하도록 불철주야 노력하시는 그분들의 지혜와 성스러운 자비의 광명은 정말 불가사의하기만 합니다.
　앞에서 제가 말씀드린 열여섯 분의 재가보살들과, 지금 말씀드리는 이러한 출가보살들이 기사굴산인 영취산에 계시는 석가모니 부처님 주위로 헤아릴 수 없을 정도로 많이 모여들어 거대한 무리를 이뤄 일대 장관을 이루고 있었습니다.

제2장
정종분(正宗分)

아이들은 먹을 때가 가장 즐거운 순간이다.
청년들은 사랑할 때가 가장 행복한 시간이다.
어른들은 가질 때가 가장 기쁠 때고
수행자는 공덕을 베풀고 법열을 느낄 때가
가장 즐겁고 기쁠 때다.

아이들은 한 순간만을 생각한다.
청년들은 조금 더 먼 미래를 꿈꾼다.
어른들은 닥쳐온 현실에 허겁지겁하고
노인들은 다시 지나간 과거를 회상한다.
그러나 수행자는 다가올 내생을 벌써 준비하고 있다.

제2장 정종분(正宗分)

그때 석가모니 부처님께서는 그날따라 특별히 온 몸에 기쁨이 넘치시고 자색이 더 없이 맑고 깨끗하게 보였으며, 또 광채가 나는 얼굴은 한없이 거룩하고 엄숙하기 이를 데 없었습니다.

그 모습을 보고 있던 저 아난이 '오늘따라 부처님의 모습이 더 없이 거룩하게 보이시니 무슨 연유가 반드시 있을 것이다'라고 생각해 그 성스러운 연유를 알아 보려고 곧 앉은 자리에서 일어나 오른쪽 어깨를 덮고 있던 가사를 내리고 허리를 세운 상태로 무릎을 꿇어 최고의 예를 갖추어 합장하고서 부처님께 공손히 말씀드리기를,

"오늘따라 특별히 부처님께서 온 몸에 기쁨이 넘치시고 자색이 더 없이 청정해 보이십니다. 광채가 나는 얼굴은 거룩하고 엄숙하기 이를 데 없습니다. 마치 맑고 깨끗한 거울에 온갖 물상이 그대로 드러나는 것 같고, 위의가 넘치는 자태는 광명으로 빛나며 숭고한 기품은 우뚝하기 한량이 없습니다. 저는 오랫동안 부처님을 가까이에서 모셔 왔지만 지금처럼 이렇게 그 모습이 빼어나고 그 아름다운 용태는 정말 이제까지 한 번도 뵈온 적이 없습니다.

언제나 한결같으신 대 성인이시여. 제 소견으로 말씀드리자면, 세상에서 가장 높으신 부처님은 오늘따라 그 위의가 더 기이하고 특별

한 것 같습니다. 그리고 세상에서 가장 웅대하신 부처님은 오늘따라 진정으로 부처님께서 머무르고 싶어하시는 그 마음자리에 바로 계시는 것같이 보이십니다. 또 세상의 밝은 눈이 되어주시는 부처님께서는 오늘따라 특별히 다른 그 어떤 영원의 길로 우리를 인도하여 주실 것 같은 큰 인도자처럼 보여지십니다.

 세상의 영웅이신 부처님께서는 오늘따라 최고로 수승한 가르침을 펴 주실 것 같습니다. 인간의 세상뿐 아니라 천상의 세계에서도 가장 훌륭하오신 당신께서는 오늘따라 그 어떤 위대한 부처님의 큰 공덕을 설해 주실 것만 같습니다.

 과거와 현재, 그리고 미래의 모든 부처님들께서는 부처님들 상호간에 항상 그 법이 연결되어져 있다고 하는데, 지금의 석가모니 부처님 당신께서도 혹 다른 어떤 부처님을 생각하고 계시지나 않으시옵니까? 왜냐하면 오늘따라 부처님의 위의와 신비스러움, 그리고 빛을 내뿜는 광명이 매우 특이하시니까 말입니다."

 그렇게 공손히 여쭙자 부처님께서는 아난에게 말씀하시기를,
 "어찌된 일이냐. 아난이여, 나에게 그렇게 말하라고 그 어떤 하늘의 신이 너에게 부탁하였는가? 아니면 너 스스로의 지혜로 그런 질문을 하는 것인가?"
 그 말씀을 듣고 아난이 부처님께 말씀드리기를,
 "어떤 하늘의 신이 제게 부탁해서 그런 질문을 드린 것이 아닙니다. 저의 소견으로 그러한 이유를 여쭈었습니다."
라고 대답하자 부처님께서는,

"착하구나. 아난이여, 너의 질문이 정말 멋지고 대단하구나. 모든 중생들을 가엾게 여겨 그대의 깊은 지혜로 진실되고 훌륭한 그와 같은 질문을 자발적으로 하니 그것은 이제 일체 중생들에게 엄청난 큰 이익이 되어 돌아갈 것이니라.

부처인 여래는 다함없는 큰 자비심을 갖고 전 허공계의 일체 중생들을 언제나 불쌍하고 가련하게 보고 있느니라. 그런 마음을 가지고 이제 이 사바세계에 나타나 깨달음의 가르침을 광명으로 널리 밝혀서 그들을 구제하고 그들에게 진실된 큰 이익을 베풀어 주고자 하는 것이니라.

중생이 불법을 만나기는 정말 어려운 일이며 부처를 직접 뵙는 것 또한 너무 어려운 일이니라.

중생세계에 부처가 탄생하는 것은 삼천 년 만에 한 번 피는 우담바라꽃과 같아서 인연의 때가 되어야만이 희유하게 한 번 출현하게 되는 것인데, 다행히 그대가 아주 좋은 질문을 함으로해서 일체의 모든 하늘사람과 지상사람들의 마음이 열리어 나로부터 한량없는 풍요와 이익을 얻을 수 있게 될 것이니라.

아난이여, 반드시 알아야 할 것이니라. 나 여래는 올바르게 대각을 이루었기 때문에 그 지혜가 한량이 없느니라. 그러므로 훌륭하게 중생들을 잘 인도하고 잘 다스려 그들을 안락케 하느니라. 여래의 지혜는 밝고 밝아 장애가 없으며, 그 무엇으로도 감히 그것을 막고 끊지 못하느니라. 부처는 한 끼의 식사로도 백천 겁을 수억 배나 곱하는 수보다도 더 오래도록 살아갈 수 있느니라.

그뿐만이 아니라 부처는 늘 그 모습이 기쁨에 젖어 있어도 영원히 훼손됨이 없고 중생을 끝없이 제도하여도 그 자태는 언제나 변하지 않아 항상 그 표정이 광명의 얼굴로 한결같으니라. 왜냐하면 여래는 선정과 지혜를 완벽하게 통달해서 일체 모든 것으로부터 자유자재 하기 때문이니라.

아난이여, 자세히 들어라. 이제부터 너희들을 위해 아주 중요한 설법을 해 줄 것이니라."
고 하시기에 이 말씀을 듣고,
"물론 그러하겠사옵니다. 기쁘게 그 말씀을 듣기를 원하옵니다."라고 간청하자 부처님께서 말씀하시기를,

"지나간 과거 아주 오랜 세월 이전, 그보다도 더 까마득히 오랜 세월 이전, 아니 그보다도 억만 배나 더 오랜 불가사의한 세월 이전에 정광 부처라는 한 분의 부처님이 이 세상에 출현하셔서 한량없는 중생들을 교화시켜 모두다 깨달음의 길로 나아가게 하고 열반에 드셨느니라.

그 뒤를 이어 또 한 분의 부처님이 이 세상에 태어나셨는데 그분의 이름은 광원이었고, 또 그 뒤를 이어 월광, 전단향, 선산왕, 수미천관, 수미등요, 월색, 정념, 이구, 무착, 용천, 야광, 안명정, 부동지, 유리묘화, 유리금색, 금장, 염광, 염근, 지종, 월상, 일음, 해탈화, 장엄광명, 해각신통, 수광, 대향, 이진구, 사염의, 보염, 묘정, 용립, 공덕지혜, 폐일월광, 일월유리광, 무상유리광, 최상수, 보리화, 월명, 일광, 화색왕, 수월광, 제치명, 도개행, 정신, 선숙, 위신, 법혜, 란음, 사자음, 용음, 처세 부처님 등이 나타나셔서 중생을 제도하시다가 모두다 세연을 따라 열반에 드셨느니라.

그 뒤를 이어 또 한 부처님이 이 세계에 오셨는데, 그분의 이름은 세자재왕여래·응공·등정각·명행족·선서·세간해·무상사·조어장부·천인사·부처·세존이라는 존칭을 가졌느니라.

그때에 그 나라의 국왕이 그 부처님의 설법을 듣고 크게 기뻐하며 깊이 감동되어 그도 그 부처님처럼 최고의 깨달음인 아누다라삼먁삼보디를 증득하고픈 마음이 일으났느니라.

그래서 미련없이 나라와 왕위를 버리고 출가하여 법장이라는 이름의 수행자가 되었는데 그는 뛰어난 두뇌와 용맹, 그리고 현명함을 선천적으로 타고나서 보통 다른 사람들과는 아주 다른 특별한 인물이었느니라.

수행자가 된 그는 세자재왕 부처님을 찾아뵙고 머리를 조아려 그분 발 아래 예배드리고 나서 지극한 존경의 예의로 그분 주위를 세 번 돌고 허리를 편 자세로 무릎을 꿇고 합장한 채 그 부처님을 게송으로 찬탄하기 시작하였느니라.

'광명이 흘러넘치는 당신의 존안은
높고도 거룩하시옵니다.
위의와 신통력은 끝이 없으며
지혜의 광명은 그 누구도 감히 대적할 수가 없사옵니다.

해와 달이 불꽃처럼 타오른다 해도
당신의 광채 앞에는
먹덩이처럼 새까맣게 그 빛을 잃어버립니다.

세상에 그 누구도 감히 당신의
그 아름다운 모습에는 견줄 수가 없사오며,
올바른 깨달음으로 인한 우렁찬 설법은
전 우주계에 메아리처럼 널리 울려 퍼지옵니다.

계율과 정진, 선정에 이어 지혜를 닦은
그 위덕은 세상 그 누구도 짝할 수 없어
독보적으로 수승하고 희유하기만 하옵니다.

깊고도 자세하게 모든 불법을 잘 억념하여
최고로 심오한 진리를 완벽하게 꿰뚫어
통달하셨사옵니다.

어리석음이나 탐욕, 그리고 분노 같은 것들은
이제 영원히 없어서
세상에서 가장 훌륭한 어른이 되시다 보니
웅대하시기가 마치 사자와 같아
신통함과 공력이 다함이 없사옵니다.

중생을 보살펴 주시는 그 자비는 넓고도 크오며
공덕으로 발현된 지혜는 더 없이 깊고도 오묘해서
당신의 거룩한 모습은 삼천대천세계를
끝없이 진동시키고 계시옵니다.

원하옵나니,
저도 부처가 되어 성스러운 법왕들의 대열에
합류하고자 하옵니다.
다른 부처님들처럼 저도 중생을 제도하여
해탈하지 못하는 중생이 한 사람도 없도록 하고 싶사옵니다.

보시로 탐욕스런 마음을 다스리고
계율과 인욕, 정진에 이어 선정과 지혜를 닦는
육바라밀의 보살행을 깊이 실천하는 것으로
삶의 최고 목적으로 삼고 열심히 정진하겠나이다.

저도 맹세코 부처가 되고자 하옵니다.
그들에게 저의 발원을 골고루 회향해 주고 싶사옵니다.
공포와 두려움을 갖고 있는 모든 중생들에게
거대한 안락처가 되어 주고 싶사옵니다.

가령 한 분의 부처님이 무량백천만 억이나 되는
다른 부처님들을 공양한다 하더라도
절대로 뒤로 물러나지 않겠다는 굳건한 의지와
올곧은 수행으로 깨달음을 구하고자 발원하는
저의 공덕에는 비할 바가 없을 것이옵니다.

갠지스 강의 모래알 수보다도 더 많고 많은

우주의 모든 부처님들이
각각 한량없는 광명을 놓아
두루 서로의 세계를
비추고 계시는데,
저도 부지런히 정진해서 그 모든 부처님들처럼
헤아릴 수 없는 위의와 신통력을
갖추게 되길 바라옵나이다.

제가 만약 부처가 된다면 그 어느 불국토보다도
더 훌륭한 최고의 안락국을 만들고 싶사옵니다.
모든 것이 특별하고 아름다워 상상을 초월하는
우주 제일의 불국토를 만들고 싶사옵니다.

제가 이루고자 하는 그 국토는 열반의 세계와도 같이
더없이 안락하고 지극히 평화로워
그 어느 부처님 나라보다도 더 아름답게
장엄할 것이옵니다.

저는 그곳에서 불쌍한 중생들 모두 다
생사의 고통으로부터
반드시 벗어나도록
끝까지 그들을 교화시키겠사옵니다.

시방 허공계에서 누구든지 제가 세운 나라에
간절히 오고 싶어하는 중생들은 그 마음에 기쁨이 넘치게 되고
또한 지순하게 그 마음이 청정하여질 것이오며
제 나라에 태어나게 되면 그들은 더없이 즐겁고
안온함을 누릴 수 있는 그런 세계를 기필코 만들고 싶사옵니다.

바라옵나니, 부처님께옵서는
제가 이루고자 하는 그 길을 밝혀 주시고
제가 세우고자 하는 그 진실된 서원을 증명하여 주옵소서.
그러한 국토를 만들기 위해 저는 모든 노력과
기력을 다 바쳐 반드시 그 원이 성취되도록
열심히 정진하겠나이다.

시방 허공계에 계시는 모든 부처님들이시여,
당신들의 지혜는 장애 없어
이 세상 모든 것들을 정확히 지견하오시니
저의 이 간절한 신심과 그것을 반드시
이루고 말겠다는 그 진솔한 원행을 알아 주옵소서.

제가 이 원력을 성취하기 위해
혼신을 다 바쳐 정진하다가
설령 죽게 되거나 지극히 어려운 곤경에 빠져 들거나
또는 말할 수 없는 괴로움을 당한다 하더라도

끝까지 절대로 후회하지는 않을 것입니다.'라고 맹세하였느니라."

부처님께서 저 아난에게,

"법장 스님이 이러한 게송을 읊고 나서 그 세자재왕 부처님께 말씀드리기를,

'오직 그러하오니 세존이시여, 저도 부처가 되는 최고의 깨달음인 아누다라삼먁삼보디의 마음을 일으키겠사옵니다. 원컨대, 부처님께옵서는 저를 위하여 광범위하게 그 길과 그 방법을 가르쳐 주옵소서. 저는 반드시 그 말씀대로 수행해서 한량없이 아름답고 청정하게 장엄된 모든 부처님나라들을 빠짐없이 두루 살펴보고 싶사옵니다. 저로 하여금 금생에 속히 올바른 깨달음을 이루어 괴로움과 고통에 허덕이고 있는 모든 중생들의 업근을 뽑아내어 버리도록 하여 주옵소서.'라고 하였느니라.

그 말씀을 듣고 세자재왕 부처님께서 법장 스님에게 말씀하시기를,

'어떻게 수행해야 하는 것과 부처님세계를 장엄하는 일에 대해서는 너 스스로 잘 알고 있는 문제가 아닌가.'

그러자 법장 스님이 말씀드리기를,

'그 문제는 매우 넓고 대단히 심오하기 때문에 제가 알 수 있는 차원이 아니옵니다. 오직 원하옵나니, 세존이시여. 저를 위하여 모든 부처님께서 정토를 이루고자 했을 때 그분들이 일으킨 서원과 수행을 광범위하게 설명해 주시옵소서. 그것을 듣게 되면 저도 반

드시 그 말씀에 따라 수행해서 제가 원하는 최고의 불국토를 원만히 이룰 수 있게 될 것 같사옵니다.'

그러자 세자재왕 부처님께서 그의 고명한 뜻과 의지와 원력이 대단히 깊고 광대하다는 것을 아시고 곧 법장 스님을 위해 그 행원의 길을 자상하게 가르쳐 주시면서 말씀하시기를,

'비유하자면 아무리 깊고 넓은 큰 바다라 할지라도 한 사람이 수억 겁의 세월보다도 더 오랜 시간 동안 비록 조그마한 바가지를 사용할지언정 그것으로 줄기차게 그 물을 퍼내어간다면 드디어 그 밑바닥이 드러나 그 속에 들어있는 진묘한 보물을 구할 수 있는 것처럼 수행자도 도를 구함에 있어서 지극한 마음을 가지고 용맹스럽게 정진하여 끝까지 멈추지 않는다면 마침내 반드시 그 모든 어려움을 극복하여 큰 결과를 가져올 수 있게 되는 것이다. 그러니 어찌 너의 그 지극한 원이 반드시 성취되지 않겠는가.'라고 하시었느니라.

세자재왕 부처님은 그의 서원에 지극히 감동하시어 그가 원하는 대로 전 허공계에 펼쳐져 있는 이백일십 억이나 되는 모든 부처님세계와 하늘사람들이 사는 선업의 세계, 그리고 지상 중생들의 사악한 세계에 이어 추악하고 아름다운 세계들을 어두운 밤에 후레쉬 불빛으로 일체 물상들을 찬찬히 비추어주듯이, 그분의 신통력으로 차례대로 모두다 드러내보여 주시면서 자세하고 광범위한 해설을 세계마다 상세히 덧붙여 주셨느니라.

그러자 그 스님은 세자재왕 부처님께서 그를 위하여 내 보여 주신 장엄하고 청정한 부처님세계들을 모두다 유심히 살펴보고,

그도 반드시 부처가 되겠다는 최고의 수승한 서원을 굳게 또 일으켜 세웠느니라.

그런 서원으로 인해 더 이상 세속의 그 어떤 것에도 이제 애착이 가지 않은 상태로 그 마음이 더없이 고요하고 맑아지게 되었는데, 그런 마음은 이 중생세간에서는 그 누구도 감히 따라갈 수 없는 비장한 맹세의 서원인 것이었느니라.

기필코 성불하여 최고로 장엄된 불국토인 극락세계를 이루어 내고야 말겠다는 굳은 각오로 그 스님은 5겁이 넘는 장구한 세월 동안 청정한 수행으로 깊은 선정에 고요히 들어가 있었느니라.”
고 말씀하셨습니다.

그래서 제가 그 말씀을 듣고 석가모니 부처님께,
"그렇다면 그 세자재왕 부처님의 수명은 도대체 얼마나 되는 것입니까?”
라고 공손히 여쭈어 보자 석가모니 부처님께서 바로 대답해 주시기를,
"그 부처님의 수명은 42겁이나 되느니라. 그 때에 법장 스님은 이백일십 억이나 되는 모든 부처님의 미묘한 나라들을 모두 다 섭렵하기 위해 피나는 노력으로 끝없는 수행을 계속해 나아갔느니라.

그렇게 계속된 용맹스런 수행이 정점에 이르렀을 때 그 스님은 자기의 스승인 세자재왕 부처님을 다시 찾아 뵈옵고 머리를 조아려 그분의 발 아래 예배드리고 나서 경건한 마음으로 그 부처님 주위를 세 번 돌고 난 뒤 한쪽에 비켜서서 합장하고 그 부처님께

말씀드리기를,

'세존이시여, 저는 이제 저의 불국토를 장엄하기 위한 초석으로 제게 주어진 일체의 청정한 수행을 모두다 완벽하게 마쳤사옵니다.'

그 말씀을 듣고 있던 세자재왕 부처님께서 그에게 말씀하시기를,

'그렇다면 그대가 도대체 어떠한 불국토를 만들고자 하는지 한번 자세하게 말해 보도록 하여라. 그로 인해 일체의 모든 대중들이 그 서원을 듣게 되면 모두 다 대단히 기뻐하게 될 것이다. 그리고 그 내용을 듣게 되면 현재와 미래의 모든 대승의 수행자들도 그대와 같이 자기들도 한량없는 불국토를 원만하게 세우고자 큰 서원을 발하게 될 것이니 말이다.'

그러자 법장 스님이 그 부처님께 말씀드리기를,

'그렇다면 부처님이시여, 자비를 내리시어 저의 서원을 자세히 들어 주시옵소서. 제가 무엇을 어떻게 발원하였는지 그것들을 지금부터 하나하나 말씀드리겠사옵니다.

첫 번째는, 악취무명원(惡趣無名願;願國無惡道)

설사 제가 지금 바로 부처가 될 수 있다고 해도, 제가 세우고자 하는 극락세계에 지옥·아귀·축생의 무리가 함께 공존한다면 저는 절대로 부처가 되지 않겠습니다.

두 번째는, 무타악도원(無墮惡道願;願不更惡道)

설사 제가 지금 바로 부처가 될 수 있다고 해도, 제 나라인 극락세계에 살고 있는 하늘과 지상사람들이 생명이 다해 다시 지옥·아귀·

축생의 고통세계에 떨어지게 되는 경우가 있다고 한다면 저는 절대로 부처가 되지 않겠습니다.

세 번째는, 동진금색원(同眞金色願;願身眞金色)
설사 제가 지금 바로 부처가 될 수 있다고 해도, 제 나라에 사는 하늘과 지상사람들의 모습이 모두다 순수한 금색의 피부색깔을 갖지 않는다면 저는 절대로 부처가 되지 않겠습니다.

네 번째는, 형모무차원(形貌無差願;願形色相同)
설사 제가 지금 바로 부처가 될 수 있다고 해도, 제 나라에 사는 하늘과 지상사람들의 생김새가 한결같지 않아 잘 생기고 못 생기는 차별된 모습이 있게 된다면 저는 절대로 부처가 되지 않겠습니다.

다섯 번째는, 성취숙명원(成就宿命願;願宿命智通)
설사 제가 지금 바로 부처가 될 수 있다고 해도, 제 나라에 사는 모든 중생들은 모두다 숙명통을 가져서 적어도 백천만억 나유타 동안 살아온 과거의 모든 일들을 빠짐없이 기억해야만 합니다. 그런데 만약 단 한 사람이라도 그런 신통력을 가지지 못하는 중생이 있게 된다면 저는 절대로 부처가 되지 않겠습니다.

여섯 번째는, 생획천안원(生獲天眼願;願天眼普見)
설사 제가 지금 바로 부처가 될 수 있다고 해도, 제 나라에 사는 모든 중생들이 모두다 천안통을 얻어서 적어도 백천만억 나유타나 되는 모든 부처님들을 일시에 뵐 수 있는 신통력을 가져야만 합니다. 만약 그렇지 못한 중생이 단 한 명이라도 있게 된다면 저는 절대로 부처가 되지 않겠습니다.

일곱 번째는, 생획천이원(生獲天耳願;願天耳普聞)
설사 제가 지금 바로 부처가 될 수 있다고 해도, 제 나라에 사는 일체의 중생들이 모두다 천이통을 얻어서 적어도 백천만억 나유타나 되는 모든 부처님들의 설법을 일시에 다 들어야 하는데, 만약 그렇지 못한 중생이 단 한 사람이라도 있게 된다면 저는 절대로 부처가 되지 않겠습니다.

여덟 번째는, 실지심행원(悉知心行願;願他心悉知)
설사 제가 지금 바로 부처가 될 수 있다고 해도, 제 나라에 사는 중생들은 모두다 타심통의 지혜를 얻어서 적어도 백천만억 나유타나 되는 모든 부처님나라에 살고 있는 수많은 중생들의 마음과 생각을 정확히 읽어야 합니다. 만약 그렇지 못하는 중생이 단 한 명이라도 있게 된다면 저는 절대로 부처가 되지 않겠습니다.

아홉 번째는, 신족초월원(神足超越願;願身足無碍)
설사 제가 지금 바로 부처가 될 수 있다고 해도, 제 나라에 사는 모든 중생들이 모두다 신족통을 얻어서 백천억 나유타나 되는 모든 부처님나라들을 한순간에 왕래하는 그런 신통력을 소유해야 합니다. 만약 그렇지 못하는 중생이 단 한 사람이라도 있게 된다면 저는 절대로 부처가 되지 않겠습니다.

열 번째는, 정무아상원(淨無我相願;願不貪計身)
설사 제가 지금 바로 부처가 될 수 있다고 해도, 제가 세운 나라에 사는 중생들은 모두 다 누진통을 얻어야 합니다. 혹 단 한 사람이라도 번뇌의 생각이 일어나 자신의 과거 죄업에 얽매여 고통받는 중생이 있다면 저는 절대로 부처가 되지 않겠습니다.

열한 번째는, 결정정각원(決定正覺願;願住定證滅)
설사 제가 지금 바로 부처가 될 수 있다고 해도, 제가 세운 나라에는 어느 중생이든지간에 모두다 반드시 성불하도록 확정지어진 중생만이 살아야 합니다. 만약 그렇지 못한 중생이 단 한 명이라도 있게 된다면 저는 절대로 부처가 되지 않겠습니다.

열두 번째는, 광명보조원(光明普照願;願光明無量)
설사 제가 지금 당장 부처가 될 수 있다고 해도, 제 몸에서 나오는 광명이 한계가 있어서 겨우 백천만억 나유타 정도의 부처님나라밖에 비출 수 없다면 저는 절대로 부처가 되지 않겠습니다.

열세 번째는, 수량무궁원(壽量無窮願;願壽命無量)
설사 제가 지금 당장 부처가 될 수 있다고 해도, 저의 수명이 겨우 백천만억 나유타겁 정도밖에 살 수 없는 일정한 한계의 수명이라면 저는 절대로 부처가 되지 않겠습니다.

열네 번째는, 성문무수원(聲聞無數願;願聲聞無數)

설사 제가 지금 당장 부처가 될 수 있다고 해도, 제가 세운 나라인 극락세계에 사는 저의 제자들 수를 계산하되, 삼천대천세계의 일체중생들이 모두다 연각이 되어 백천겁 동안 모두 함께 그 인원을 세어서 그 숫자를 능히 알아낼 수 있는 정도라면 저는 절대로 부처가 되지 않겠습니다.

열다섯 번째는, 중생장수원(衆生長壽願;願隨願修短)

설사 제가 지금 바로 부처가 될 수 있다고 해도, 완전한 깨달음의 세계에 나아가지 않고 중생세계에 화현(化現)으로 나타나 그들을 제도하겠습니다. 또한 자유자재로 자기들의 수명을 길고 짧게 나투는 보살들을 제외하고는 제 나라에 태어나는 중생들의 수명은 모두 다 한량없어야 합니다.

만약 그렇지 못한 중생이 단 한 명이라도 있게 된다면 저는 절대로 부처가 되지 않겠습니다.

열여섯 번째는, 개획선명원(皆獲善名願;願不聞惡名)

설사 제가 지금 바로 부처가 될 수 있다고 해도, 제 나라인 극락세계에 태어나는 중생들은 모두 다 좋은 이름을 갖추고 있어야 합니다.

그런데 혹 나쁜 이름을 갖고 있음으로해서 사람들에게 미움을 받아 마음고통을 느끼는 중생이 단 한 사람이라도 있게 된다면 저는 절대로 부처가 되지 않겠습니다.

열일곱 번째는, 제불칭찬원(諸佛稱讚願;願諸佛稱歎)

설사 제가 지금 당장 부처가 될 수 있다고 해도, 시방세계에 계시는 한량 없는 모든 부처님들께서 모두다 저의 본원에 감탄하시어 그분들이 제도하시는 중생들에게 저의 이름인 아미타불을 칭찬하셔야 합니다. 만약 그 중에서 단 한 분의 부처님만이라도 그렇게 해 주시지 않는 분이 계신다면 저는 절대로 부처가 되지 않겠습니다.

열여덟 번째는, 십념왕생원(十念往生願;願十念必生)

설사 제가 지금 당장 부처가 될 수 있다고 해도, 시방 허공계에 살고 있는 모든 중생들이 저의 본원을 지성스런 마음으로 믿고 또 좋아해서 저의 나라에 태어나고자 염불삼매를 닦았는데도 저의 세계에 태어나지 못하는 중생이 단 한 명이라도 있게 된다면 저는 절대로 부처가 되지 않겠습니다.

그러나 아비와 어미를 죽인 자이거나 화합되어 있는 수행자의 공동체인 상가를 이간해서 분열시킨 자이거나 수행자를 죽인 자이거나 부처님 몸에 피를 내게 한 극악의 다섯 가지 죄를 지은 죄인들과 사람들에게 불법을 비방한 사도들과 외도들은 모두다 여기서 제외되도록 할 것이옵니다.

열아홉 번째는, 임종현전원(臨終現前願;願臨終接引)

설사 제가 지금 당장 부처가 될 수 있다고 해도, 시방의 한량없는 중생들이 그들의 마음을 깨닫고자 하는 서원을 일으켜 모든 공덕을 닦고 제가 세운 극락세계에 태어나고자 지극한 마음으로 발원하였다면, 수명이 다해 세상을 떠나려 할즈음 제가 저의 대중들에게 둘러싸인 모습으로 그의 눈앞에 나타날 것입니다. 그런데도 저의 모습을 보지 못하는 중생이 단 한 명이라도 있게 된다면 저는 절대로 부처가 되지 않겠습니다.

스무 번째는, 회향개생원(廻向皆生願;願欲生果遂)
설사 제가 지금 당장 부처가 될 수 있다고 해도, 시방세계의 한량없는 중생들이 제 이름인 아미타불과 제 나라인 극락세계를 듣고 온갖 공덕의 근본을 쌓으며 지극한 마음으로 회향하고 제 나라에 태어나고자 발원하였을 때는 모두다 왕생하여야 합니다. 만약 그 소원대로 제 나라에 오지 못하는 중생이 단 한 사람이라도 있게 된다면 저는 절대로 부처가 되지 않겠습니다.

스물한 번째는, 구족묘상원(具足妙相願;願三十二相)
설사 제가 지금 바로 부처가 될 수 있다고 해도, 제 나라에 태어나는 중생들은 모두 부처님과 같이 서른두 가지의 특이한 대인의 모습을 갖고 태어나야만 합니다. 만약 그렇지 못한 자가 단 한 사람이라도 있게 된다면 저는 절대로 부처가 되지 않겠습니다.

스물두 번째는, 함계보처원(咸階補處願;願一生補處)
설사 제가 지금 당장 부처가 될 수 있다고 해도, 타방세계의 부처님 나라에서 온 모든 보살들의 무리들이 일단 제 나라에 와 태어나게 된다면 반드시 이제 단 한 번의 삶으로 바로 부처가 될 수 있는 최고의 지위까지 올라가야만 하는데, 만약 그렇지 못한 보살이 단 한 분이라도 계신다면 저는 절대로 부처가 되지 않겠습니다.

그러나 본원에 따라 큰 서원의 갑옷을 입고 일체 중생들의 고통을 도탈시키기 위해 선근의 공덕을 쌓고 닦으며 임의대로 자기들의 삶을 바꾸고자 하는 보살들은 여기서 제외합니다. 그들은 모든 부처님 나라들을 자유롭게 유영하면서 보살도를 행하고 시방에 계시는 일체 부처님들을 공양하면서 갠지스 강의 모래알보다도 더 많은 한량없는 중생들을 교화하고 가르쳐 그들의 마음을 개화시키는 분들입니다. 그들은 중생들의 세계에 최고로 올바르고 진실된 가르침인 불법을 선포하기 위해 보현보살이 행하신 공덕의 원행을 실현하시려고 일부러 자기들의 신분을 그들의 수준으로 낮추어 온갖 가지의 수행을 시범적으로 직접 보여주시는 분들이기 때문입니다.

스물세 번째는, 신공타방원(晨供他方願;願供養諸佛)
설사 제가 지금 바로 부처가 될 수 있다고 해도, 내 나라인 극락세계에 태어나는 모든 보살들이 허공계에 끝없이 흩어져 계시는 일체의 부처님들께 공양드리고자 할 때 저의 신통력을 입어 한번의 식사 시간 동안 무량억 나유타나 되는 모든 불국토를 두루두루 모두다 왕래할 수 있는 능력을 가져야만 합니다. 만약 그렇지 못한 보살이 단 한 명이라도 있게 된다면 저는 결코 부처가 되지 않겠습니다.

스물네 번째는, 소수만족원(所須滿足願;願供具隨意)
설사 제가 지금 바로 부처가 될 수 있다고 해도, 제 나라에 살게 되는 모든 보살들은 또 다른 공덕을 쌓기 위해 허공계의 일체 부처님들께 다양한 공양을 올리려 할 때에 자기들이 원하는 공양물을 원하기만 하면 모두다 그대로 충족되어져야 합니다.

만약 그렇지 못한다면 저는 절대로 부처가 되지 않겠습니다.

스물다섯 번째는, 선입본지원(善入本智願;願演說妙智)

설사 제가 지금 바로 부처가 될 수 있다고 해도, 제 나라에 태어나는 보살들은 중생을 제도하기 위해 일체의 지혜를 갖추어 중생들의 모든 언어를 완벽하게 통달하여야만 합니다.

만약 그렇지 못한 보살이 단 한 명이라도 있게 된다면 저는 절대로 부처가 되지 않겠습니다.

스물여섯 번째는, 나라연력원(那羅延力願;願那羅延身)

설사 제가 지금 바로 부처가 될 수 있다고 해도, 제 나라에 태어나는 모든 보살들은 그 힘이 백만 마리의 코끼리를 합친 힘만큼 세고 강한 금강나라연 같은 역사의 몸을 받고 태어나야만 합니다. 만약 단 한 명이라도 그렇게 태어나지 못하는 경우가 있다면 저는 절대로 부처가 되지 않겠습니다.

스물일곱 번째는, 장엄무량원(莊嚴無量願;願一切嚴淨)

설사 제가 지금 당장 부처가 될 수 있다고 해도, 제 나라인 극락세계에 태어나는 일체 중생들에게 그곳의 모든 만물들이 전부 장엄되고 청정되어 빛나고 화려하며 형모와 색상이 빼어나고 특이해서 더

없이 정미롭고 지극히 아름다워 그 누구도 감히 그것들에 대하여 쉽게 정의를 내리거나, 또 그 물상들의 수량이 얼마만큼 된다고 헤아릴 수 있을 정도가 되어서는 아니 됩니다.

이를테면 일체의 모든 중생들이 전부 천안통을 얻어서 제 나라에 있는 일체 물상들의 이름과 수량을 모두다 헤아릴 수 있을 정도의 장엄밖에 되지 못한다면 저는 절대로 부처가 되지 않겠습니다.

스물여덟 번째는, 보수실지원(寶樹悉知願;願道樹高顯)

설사 제가 지금 바로 부처가 될 수 있다고 해도, 제 나라에 태어나는 보살들은 전생에 아무리 적은 공덕을 지은 자라 하더라도 높이가 사백만 리나 되고 한량없는 광명과 오묘한 색깔을 갖추고 있는 극락세계의 거대한 보리수나무를 능히 볼 수 있어야만 합니다.

만약 어느 한 사람이라도 그것을 보지 못하는 경우가 있다면 저는 절대로 부처가 되지 않겠습니다.

스물아홉 번째는, 획승변재원(獲勝辯才願;願誦經得慧)

설사 제가 지금 당장 부처가 될 수 있다고 해도, 제 나라에 태어나는 보살들은 저의 가르침을 듣고 그것을 받아지니거나 독경하거나 암송하거나 또는 중생들에게 설법을 해 주고자 할 때 그들을 감화시키는 설득력과 그들의 근기를 알아내는 예리한 지혜를 모두 다 갖추어야만 합니다.

만약 그렇지 못한 보살이 단 한 명이라도 있게 된다면 저는 절대로 부처가 되지 않겠습니다.

서른 번째는, 대변무변원(大辯無邊願;願慧辯無限)

설사 제가 지금 당장 부처가 될 수 있다고 해도, 제 나라인 극락세계에 태어나는 보살들이 갖고 있는 지혜와 언변술이 정말 한량이 없어야만 합니다. 만약 일정한 한계점을 갖고 있다면 저는 절대로 부처가 되지 않겠습니다.

서른한 번째는, 국정보조원(國淨普照願;願照見十方)

설사 제가 지금 당장 부처가 될 수 있다고 해도, 제가 세운 극락세계가 한없이 청정하여 일체 만물들을 모두 다 그대로 비추어야 합니다. 즉 시방 허공계에 한량없고 수도 없고 불가사의한 모든 부처님 세계가 마치 밝은 거울에 모든 것들이 비추어지듯이 그대로 드러나야 되는데, 만약 그렇지 않다면 저는 절대로 부처가 되지 않겠습니다.

서른두 번째는, 무량승음원(無量勝音願;願寶香妙嚴)

설사 제가 지금 바로 부처가 될 수 있다고 해도, 제가 세우고자 하는 나라의 지상에서부터 저 허공에 이르기까지 모든 궁전이나 누각, 연못, 시냇물에 이어 꽃과 나무 등 내 국토에 있는 일체 만물들은 모두 다 한량없는 온갖 보물과 백천 종류의 향으로 합성되어 장엄되게 꾸며지고 또 기이하고 아름다워 그 어떤 하늘나라보다도 더 훌륭하여야 합니다.

그 국토에서 나오는 향기가 시방세계에 두루 스미어 나갈 때 그 향기를 맡은 보살들은 모두가 다 부처가 되고자 하는 마음을 일으켜 즐거이 수행에 힘쓰게 될 것입니다. 만약 그와 같이 되지 않는다면 저는 절대로 부처가 되지 않겠습니다.

  서른세 번째는, 몽광안락원(蒙光安樂願;願蒙光柔軟)
설사 제가 지금 당장 부처가 될 수 있다고 해도, 불가사의하도록 많고도 많은 시방 허공계의 모든 부처님나라에 살고 있는 중생들이 저의 광명을 받거나 또는 저의 광명에 접촉되어질 때는 그 몸과 마음이 한없이 온유하고 부드러워 천상의 사람들보다도 더 뛰어난 기분이 되어야만 합니다.
  만약 그렇지 못하다면 저는 절대로 부처가 되지 않겠습니다.

  서른네 번째는, 성취총지원(成就總持願;願聞名得忍)
  설사 제가 지금 당장 부처가 될 수 있다고 해도, 불가사의하도록 허공계에 펼쳐져 있는 모든 부처님나라에 살고 있는 일체 중생들이 아미타불이라는 제 이름을 듣고도 보살이 머무는 불생불멸의 지위와 또 깊고 깊은 비밀이 들어있는 모든 다라니들을 증득할 수 있어야만 합니다.
  만약 그렇지 못한 중생이 단 한 명이라도 있게 된다면 저는 절대로 부처가 되지 않겠습니다.

  서른다섯 번째는, 영리여신원(永離女身願;願脫離女身)
  설사 제가 지금 바로 부처가 될 수 있다고 해도, 시방의 한량없고 불가사의한 모든 부처님 세계에 살고 있는 그 어떤 여인일지라도 제 이름인 아미타불을 듣고 기쁜 마음으로 믿기를 좋아하고 깨닫고자 하는 마음을 일으켜 이제 두 번 다시 여인의 몸을 받고 싶지 않는다면, 그 여인이 목숨을 마친 후에는 다시 또 여인의 몸으로 태어나는 일이 정녕 없어져야 합니다. 만약 단 한 명이라도 다시 여인의 몸을 받는 경우가 있게 된다면 저는 절대로 부처가 되지 않겠습니다.

　서른여섯 번째는, 문명지과원(聞名至果願;願常修梵行)
　설사 제가 지금 당장 부처가 될 수 있다고 해도, 동서남북상하에 불가사의하도록 펼쳐져 있는 많고도 많은 부처님나라의 일체 보살들이 아미타불이라는 제 이름을 듣고 그 생을 다 마친 후에 열심으로 깨끗한 수행을 계속했는데도 불도를 이루지 못하는 자가 단 한 사람이라도 있게 된다면 저는 결코 부처가 되지 않겠습니다.

　서른일곱 번째는, 천인경례원(天人敬禮願;願天人致敬)
　설사 제가 지금 바로 부처가 될 수 있다고 해도, 한량없고 불가사의한 시방의 모든 부처님나라에 살고 있는 일체의 하늘사람과 지상사람들이 제 이름인 아미타불을 듣고 그 본원에 깊이 감동되어 오체투지로 머리를 조아려 예배를 올리고 기쁜 마음으로 저를 믿으면서 보살의 행을 닦아야 합니다. 그래서 모든 중생들이 저를 지극히 존경해 마지 않아야 합니다. 만약 그렇지 않게 된다면 저는 절대로 부처가 되지 않겠습니다.

　서른여덟 번째는, 수의수념원(須衣隨念願;願衣服隨念)
　설사 제가 지금 당장 부처가 될 수 있다고 해도, 제 나라인 극락세계에 살고 있는 모든 중생들이 만약 무슨 의복이든지 원하는 옷이 있다면 바로 그것들을 가질 수 있어야 하고, 그 어떤 의복이든지 일단 입기만 하면 모든 부처님들께서 참 아름다운 옷이구나 하고 칭찬해주실 수 있는 최고의 아름다운 의복이어야 합니다.

물론 그 의복들은 재단을 하거나 바느질 자국이 있어서는 아니 되며, 또 따로 물감을 들이는 번거로운 일이 생기는 그런 옷감은 아니어야 합니다. 만약 그렇지 않다면 저는 절대로 부처가 되지 않겠습니다.

서른아홉 번째는, 재생심정원(纔生心淨願;願樂如漏盡)

설사 제가 지금 바로 부처가 될 수 있다고 해도, 제 나라에 살고 있는 일체의 하늘사람과 지상사람들이 누리는 쾌락은 번뇌가 완전히 끊어진 청정한 비구가 누리는 법열과 같아야 하는데, 만약 그렇지 못하는 자가 한 사람이라도 있게 된다면 저는 절대로 부처가 되지 않겠습니다.

마흔 번째는, 수현불찰원(樹現佛刹願;願樹中現刹)

설사 제가 지금 바로 부처가 될 수 있다고 해도, 제 나라에서 살아가는 보살들이 마음 속으로 전 허공계에 펼쳐져 있는 장엄되고 청정한 부처님나라들을 모두 보고 싶어하면 마치 맑은 거울에 일체의 물상들이 그대로 드러나듯이 보석으로 만들어진 극락세계의 나무에 그대로 투영되어야 합니다. 만약 그렇지 않다면 저는 절대로 부처가 되지 않겠습니다.

마흔한 번째는, 무제근결원(無諸根缺願;願諸根無缺)

설사 제가 지금 당장 부처가 될 수 있다고 해도, 중생세계에 살아가는 모든 보살들이 아미타불이라는 제 이름을 듣고 그것을 마음에 간직하였을 때, 그들은 부처가 될 때까지 절대로 불구자나 추한 모습으로 태어나는 일이 없어야만 합니다.

그런데도 만약 못난 얼굴로 태어나는 중생이 단 한 명이라도 있게 된다면 저는 결코 부처가 되지 않겠습니다.

마흔두 번째는, 현증등지원(現證等持願;願清淨解脫)

설사 제가 지금 바로 부처가 될 수 있다고 해도, 타방의 중생세계에 살고 있는 모든 보살들이 제 이름을 듣게 되면 모두다 청정한 해탈삼매를 증득해야만 합니다.

이 삼매에 안주하게 되면 선정을 잃지 않은 상태로 일념 사이에 한량없이 많고 많은 불가사의한 모든 부처님 세존들을 일시에 공양할 수 있게 됩니다. 만약 그렇지 못한다면 저는 절대로 부처가 되지 않겠습니다.

마흔세 번째는, 문생호귀원(聞生豪貴願;願聞名得福)

설사 제가 지금 당장 부처가 될 수 있다고 해도, 다른 세계에 살고 있는 모든 보살들이 제 이름인 아미타불을 듣고 그 이름을 마음에 새겨 넣고 염불한다면 목숨이 다한 후에 반드시 존귀한 집안에 태어나야만 합니다. 만약 그렇지 않고 뼈대없고 볼품없는 집안에 단 한 명이라도 태어나게 된다면 저는 절대로 부처가 되지 않겠습니다.

마흔네 번째는, 구족선근원(具足善根願;願修行具德)

설사 제가 지금 바로 부처가 될 수 있다고 해도, 다른 중생세계에 살고 있는 모든 보살들이 제 이름을 듣게 되면 뛸듯이 좋아하고 기쁜 마음으로 보살행을 닦아서 공덕의 근본을 완전하게 구비하여야만 합니다. 만약 그렇게 되지 않는다면 저는 절대로 부처가 되지 않겠습니다.

마흔다섯 번째는, 공불견고원(供佛堅固願;願普等三昧)

설사 제가 지금 당장 부처가 될 수 있다고 해도, 다른 중생세계에 살고 있는 모든 보살들이 아미타불이라는 제 이름을 듣게 되었을 때 모두다 부처님 세계를 두루 볼 수 있는 보등삼매를 얻어야만 합니다.

그 삼매에 안주하게 되면 후일 부처가 될 때까지 한량없고 불가사의한 모든 부처님을 언제나 만나뵐 수 있는 힘을 얻게 됩니다.

만약 그렇게 되지 않는다면 저는 절대로 부처가 되지 않겠습니다.

마흔여섯 번째는, 욕문자문원(欲聞自聞願;願隨願聞法)

설사 제가 지금 당장 부처가 될 수 있다고 해도, 제 나라인 극락국토에 태어나는 모든 보살들은 그들이 무엇을 원하든지간에 원하는 것은 모두다 가져야만 합니다.

만약 부처님의 그 어떠한 법문이라도 그들이 원한다면 모두다 자연스럽게 들을 수 있어야만 합니다. 만약 그렇지 못하다면 저는 절대로 부처가 되지 않겠습니다.

마흔일곱 번째는, 보리무퇴원(菩提無退願;願聞名不退)

설사 제가 지금 바로 부처가 될 수 있다고 해도, 다른 중생세계에 살고 있는 모든 보살들이 아미타불이라는 제 이름을 듣고 기쁘게 수행하게 되면 모두다 불퇴전의 지위를 얻을 수 있어야만 합니다. 만약 그렇지 못하는 보살이 단 한 명이라도 있게 된다면 저는 절대로 부처가 되지 않겠습니다.

마흔여덟 번째는, 현획인지원(現獲忍地願;願得三法忍)

설사 제가 지금 바로 부처가 될 수 있다고 해도, 다른 중생세계에 살고 있는 모든 보살들이 제 이름을 듣고 염불하면 즉시 설법을 듣고 깨닫게 되거나, 또는 진리에 수순하여 깨닫게 되거나 혹은 불생불멸의 도리를 알아 깨닫게 되는 삼법인을 증득하여야만 합니다. 그러면 모든 불법에서 한치도 뒤로 물러서지 않는 불퇴전의 지위를 성취하게 됩니다. 만약 그렇지 못한 보살이 단 한 명이라도 있게 된다면 저는 절대로 부처가 되지 않겠습니다.'라고 말씀드렸느니라."

석가모니 부처님께서 저 아난에게 말씀하시기를,
"그때 법장 스님이 이러한 맹세의 서원을 발하고 다시 게송으로,

'제가 건립하고자 계획하는 극락세계는
세상의 모든 고통을 초월하는 곳입니다.
그것을 이루기 위해 저는 반드시 불도를 이루겠습니다.
이러한 서원이 완벽하게 이루어지지 않으면 저는

절대로 부처가 되지 않겠습니다.

한량없는 세월 동안 저는 중생들을 위하여 큰 시주자가 되어
일체 중생들이 갖고 있는
모든 빈궁과 괴로움을 제거해 주겠습니다.
그렇지 못한다면 저는 맹세코 부처가 되지 않겠습니다.

이러한 서원으로 제가 불도를 이루었을 때
시방 허공계의 모든 중생세계에 그 이름이 널리 퍼져나가
그 어떤 중생이라도 아미타불이라는
저의 명성을 모두 다 들어야 하는데,
만약 제 이름을 듣지 못하는 중생이 있게 된다면
저는 맹세코 부처가 되지 않겠습니다.

세상에서 제일 위대하고 거룩한 부처가 되기 위해
욕심을 떠나 깊은 선정에 들고 더 없는 지혜를 구하기 위해
청정한 수행을 계속하여
중생세계의 위대한 스승이 반드시 되도록 하겠나이다.

제가 부처가 된다면 신통의 힘으로 대 광명을 내뿜어서
전 허공계 끝까지의 중생세계를 고루 보살피겠습니다.
탐욕과 성냄, 어리석음으로 미혹된
일체 중생들의 업장을 완전히 제거하고

온갖 횡액과 재난으로부터 중생들을 끝까지 보호하겠습니다.

중생들에게 지혜의 눈을 뜨게 하여
어두움에 헤매는 고통을 없애도록 하겠습니다.
사악한 세계로 향하는 모든 길목을 폐쇄하고
좋은 세계로 나아가는 문을 활짝 열어놓도록 하겠습니다.

모든 공덕과 복덕을 완벽하게 갖추고
거룩한 광명을 시방허공계에 찬란하게 비추겠습니다.
그 광명에 의해 해와 달의 빛이 사라질 뿐만 아니라
천국의 광명조차도 저의 광명에 가려
나타나지 못할 정도로 말입니다.

고통받는 중생들을 위해 부처가 되는 방법을 연설하고
가난에 허덕이는 그들에게 공덕의 보물들을 골고루 나누어주면서
항상 가련하기 그지없는 그들을 위해
사자후 같은 설법을 계속해 주겠습니다.

부처님의 지혜는 걸림이 없어
일체 세간의 만법을 모두다 통달하고
그대로 비추지 아니함이 없습니다.
저도 이 중생세계에서 최고로 수승하고 존귀한
다른 부처님처럼 모든 공덕으로 인한

지혜의 힘을 갖추게 되길 원하옵니다.

이러한 발원이 온갖 어려움을 극복하고
드디어 성취되는 날에는 삼천대천세계가
저의 서원에 깊이 감동되어 크게 진동하게 되고
허공계의 모든 신들이 저의 서원에 감응해
진귀하고 아름다운 꽃비를 뿌려줄 것입니다.'

라고 말씀드렸느니라."
그러시면서 부처님께서 저 아난에게,
"법장 비구가 다시 그 부처님께 이러한 게송으로 재차 서원해 마치자 즉시 삼천대천세계의 모든 땅들이 여섯 종류로 크게 진동하고 진묘한 꽃비가 하늘로부터 쏟아져 그 스님의 머리를 덮었으며, 어디서인가 아름다운 음악이 은은하게 울려퍼져 옴과 동시에 허공 중에서,
'당신은 반드시 최고의 올바른 깨달음을 얻어 부처가 될 것입니다.'
라고 격려하며 그를 찬탄하였느니라.
법장 스님은 그와 같은 원대한 서원을 완벽하게 성취하기 위해 한 순간도 헛되게 시간을 낭비하지 않고 세간의 욕락을 뛰어넘어 깊은 열반의 즐거움을 얻고자 정성을 다해 용맹스런 정진을 계속해 나아갔느니라"
고 하시면서,
"아난이여, 법장 비구는 그 세자재왕 부처님과 모든 하늘과 마왕과 범천왕과 용과 야차 등 일체의 호법신장들 앞에서 그렇게 크고

웅대한 서원을 발원하고, 미묘하게 장엄된 아름다운 극락국토를 이루기 위해 신명을 다 바쳐 가일층 정진해 나아갔느니라.

그 스님이 최종적으로 이루고자 하는 국토는 모든 중생들에게 언제나 열리어 있고, 일체 중생 모두가 다 들어가도 남음이 있도록 크고 광대한 것이며, 그 어떤 부처님 세계보다도 더 아름다운 최고의 세계인 것이었느니라.

그 극락세계는 전 중생이 다 그곳으로 올 때까지 항상 그대로 있어서 세월에 의해 쇠미되거나 다르게 변형되는 일이 없는 영원한 안양국을 말하는 것이니라. 그런 나라를 이루기 위하여 그는 산술로써 표현할 수 없는 광겁의 불가사의한 세월 동안 보살이 행하여야 하는 끝없는 공덕의 수행을 계속해 닦아 나아갔느니라.

그 스님은 사실 그 전생부터 결코 탐욕이나 성냄, 그리고 중생을 다치게 하는 행동을 일체 하지 않았을 뿐만 아니라 그런 마음까지도 전혀 일으키지 않았으며, 세간의 물질과 소리 향기 미각 촉감 그리고 번뇌의 대상에도 전혀 흔들림이 없었느니라.

그로 인해 인욕의 힘이 성취되어 온갖 어려움도 마다않고 아무리 가난한 상태에 처하더라도 늘 만족해하며 탐욕과 성냄, 그리고 어리석은 마음을 벗어나 언제나 삼매에 머물면서 걸림없는 지혜를 얻기 위해 온갖 고행을 모두 다 이겨내었느니라.

가끔 가다 중생들 속에 왕으로 태어날 때는 허위적인 행동과 아첨의 마음을 없애고 언제나 온화한 얼굴과 부드러운 언어로 그들의 마음을 먼저 이해하고, 또 그들의 애로를 진지하게 받아들이면서 보살행을 닦는 데 조금도 게을리하지 않았느니라. 다만 불법을 공부하는

데 있어서 권태로운 마음이 들지 않도록 가일층 용맹스럽게 정진하여 오로지 맑고 순백한 불법을 구하는 데만 전념해 나아갔느니라.

그러면서 자신의 수행을 크게 장엄시키고자 늘 중생들에게 이익을 베풀고 불·법·승 삼보를 공경하면서 스승과 어른을 받들어 모시고 온갖 어려운 수행을 완벽하게 이행하면서 모든 중생들을 교화시켜 그들의 공덕이 간단없이 성취될 수 있도록 하염없이 보살펴 주고 이끌어 주었느니라.

아집과 법집을 벗어나게 되면 세상이 완전히 비어져 있어서 상대적인 차별의 모습과 그것을 구하고자 하는 기원이 없어지게 되느니라. 그렇게 되면 불생불멸의 이치를 터득하게 되어 일체 현상을 환상처럼 집착없이 보게 된다는 사실을 그는 드디어 알게 되었느니라.

그로 인해 자기를 죽이고 타인을 죽이고자 하는 두 가지 해악스런 나쁜 언어들을 멀리 떠나 보내고 그대신 자기를 살리고 타인도 살려서 양쪽을 모두 이롭게 하는 착한 언어들을 익혀나가야 되겠다는 생각으로 드디어 나라와 왕좌를 버리고 재물과 여색을 벗어나 스스로 여섯 가지 바라밀을 손수 행하기 시작했느니라. 그리고 백성들에게도 그것을 닦으면 엄청난 공덕이 성취된다는 것을 끝없이 가르쳐 주게 되었던 것이니라.

그러한 삶을 셈으로 헤아릴 수 없을 정도의 과거 전생부터 꾸준히 계속해 왔으므로 공덕과 복덕이 쌓일 대로 쌓여 그가 태어나는 곳마다 무엇을 원하든간에 모든 것이 풍요로웠으며, 한량없는 보석과 재물들이 자연적으로 풍성하게 생기다 보니 중생들을 제도하기에 별 어려움 없이 그들에게 넉넉하게 베풀어 줄 수 있었고 또 평안하게 해 줄 수 있었느니라. 그래서 수없는 중생들을 모두다 최고로 바르고 진실된 불법에 들어올 수 있도록 하였느니라.

그런 공덕으로 그 스님이 중생세계에 나타날 때마다 장자와 거사나 부호의 집이거나 명망 있는 가정에 존귀하게 출생할 수 있었고, 혹은 왕족이나 임금 또는 황제의 집에서도 탄생할 수 있었으며, 더 나아가서 욕계 여섯 하늘의 천왕에 이어 색계의 왕으로도 출현할 수가 있었느니라.

그 스님은 어디에 태어나든 간에 언제나 모든 부처님을 받들고 공양하기를 좋아하였는데, 침구와 의복, 의약, 음식으로 그분들을 지성껏 봉양하고 정성스럽게 모시다 보니 그 공덕으로 인해 이루 헤아릴 수 없을 정도로 많고 많은 복덕이 또 계속 쌓여가게 되었느니라.

그로 인해 그의 입에서는 꽃 중에서 제일 향기로운 우담바라꽃 향기가 맑게 풍기어 나오고, 신체의 모든 털 구멍에서는 향 중에서 가장 냄새가 좋은 전단향내가 항상 배어나와 한량없는 무량세계에 고루 번져 나가게 되었느니라.

그의 모습은 이 세상에 태어날 때마다 늘 단정하게 위엄이 있었고 생김새는 빼어나게 아름다워 모든 중생들이 늘 친견하고 싶을 정도로 잘 생겼으며, 그의 수중에는 언제나 한량없는 보물들과 의복, 음식, 진묘한 꽃과 향, 그리고 비단양산과 깃발 등 모든 장엄기구들이 항상 가득차 있다 보니 세간의 삶에 늘 자유자재할 수 있게 되었느니라.

사실 그런 희유한 일들은 모든 하늘사람과 지상사람들의 상상을 뛰어넘는 복덕을 갖고 있지 아니하고는 결코 그렇게 될 수가 없는 일이니라."
고 말씀하시었습니다.

  그 말씀을 감격스럽게 듣고 있던 제가 부처님께,
"그러면 그 법장 스님은 자기 소원대로 결국 부처가 되어서 열반에 드셨습니까? 아니면 아직도 부처가 되지 못한 상태로 현재까지 계속 그런 보살행을 닦고 계십니까?"
라고 여쭈자 부처님께서,
"그 법장 스님은 이제 성불하여서 현재 서쪽의 극락세계에 계시는데, 그곳은 여기서 십만억 세계를 지나면 있느니라. 그 부처님의 세계는 최고로 평안하고 또 즐거운 곳이라고 하여 안락국이라고 하느니라."
고 대답해 주셨습니다.
  그래서 제가 또,
"그렇다면 그 스님이 부처가 되신 지는 도대체 얼마나 되셨습니까?"
라고 여쭈자 부처님께서,
"그 스님이 부처가 된 지는 이미 십겁이 지났느니라. 그 부처님의 국토는 자연적인 칠보로 만들어져 있는데, 그 칠보인 금·은·유리·산호·호박·자거·마노들이 합하여져 그 국토를 장엄하고 있느니라.
  그 세계는 더없이 넓고 크며 광대하고 평탄해 끝과 한계가 없느니라. 그곳은 칠보들이 제각기의 광명을 아름답게 수놓고 있기 때문에 그 광채들이 서로서로 투영되고 반사되어 그 세계를 온통 광명과 광색으로 가득 채우느니라.

그런 보석들은 중생세계에서 가장 화려하기로 소문난 타화자재천의 하늘궁전에 있는 보석보다도 더 값비싼 보석 중의 보석들이다 보니, 그 광명으로 인해 그 세계는 지극히 미묘하고 희유함에 이어 더 없이 밝게 빛나고 또 청정하게 장식되어져 시방의 그 어떤 세계의 아름다움보다도 더 뛰어난 곳이 되어 있느니라.

그 극락세계에는 수미산이나 금강산 또 철위산 같은 일체의 산들이 없으며, 또 거대한 바다나 작은 바다에 이어 시내, 도랑, 우물, 계곡 같은 것들도 없느니라. 그러나 그 나라에 사는 어떤 중생이든지 간에 혹 이러한 것들을 보고 싶어하면 부처님의 위신력에 의해 언제든지 그러한 모습들을 사실적으로 볼 수 있게 되느니라.

그곳에는 또한 지옥이나 아귀, 축생 같은 모든 고통의 세계가 없을 뿐만 아니라 춘하추동의 사계절도 없어서 춥거나 더움을 느끼지 않고, 날씨는 언제나 고르게 화창하다 보니 신체적으로 항상 최적의 기분을 가지고 살 수 있느니라."
고 하셨습니다.

그 말씀을 듣고 있던 제가 부처님께,

"세상에서 가장 존귀하신 분이시여, 만약 그 극락세계에 거대한 수미산이 없다면 그 수미산을 중심으로 건립되어 있어야 하는 사왕천의 하늘과 도리천의 하늘이 어떻게 존재할 수 있겠습니까?"
라고 여쭈어보자 부처님께서,

"그렇다면 수미산을 벗어나 있는 욕계의 세 번째 하늘인 야마천으로부터 색계의 제일 꼭대기 하늘인 열여덟 번째의 색구경천은 어떻게 존재할 수가 있단 말인가?"
라고 되물으셔서 제가 부처님께

"중생들이 지은 행위와 그 과보는 실로 불가사의합니다. 그래서 땅을 의지해 있는 중생의 하늘세계도 있고 땅을 벗어나 허공 중에 건립된 중생의 하늘세계도 있다고 생각합니다."
라고 대답하자 부처님께서,

"옳은 말이니라. 사실 중생들이 지은 행위의 업으로 인해 그들의 세계가 형성된다는 것은 대단히 불가사의한 것이니라. 그처럼 모든 부처님의 세계 또한 매우 불가사의하게 건립되어 있느니라. 그러므로 중생들은 자기들의 공덕과 선업의 힘에 의해 그들의 수준에 맞는 지상과 하늘의 세계에 가 태어나게 되는 것뿐이니라."
고 하셨습니다.

그래서 제가,

"사실 저는 그러한 세계에 대해 의문점이 없지만 혹 미래의 중생들이 그러한 의문점을 가지지나 않을까 염려가 되어서 일부러 제가 그렇게 여쭈어 본 것입니다."
라고 말씀드렸습니다.

또 부처님께서 저에게,

"아미타불인 무량수 부처님이 갖고 계시는 위신력과 광명은 최고로 으뜸이고 또 제일이라서 다른 어떤 부처님들도 거기에 능히 따라가지 못하느니라. 그 위신력에서 나오는 광명은 백 분의 부처님 세계를 비추기도 하고 또 천 분의 부처님 세계를 비추기도 하느니라.

더 나아가서 동쪽에 갠지스 강 가의 모래알만큼이나 많이 펼쳐져 있는 모든 부처님나라들을 비출 뿐만 아니라 남·서·북방은 물론 위 아래 할 것 없이 모든 방향으로 끝없는 광명을 놓으시고 계시느니라.

어떤 때는 그 광명이 일곱 자 정도만 비출 때도 있고, 어떤 때는 일유순에 이어 이·삼·사·오 유순을 비출 때도 있다가 더 확대되면 한 분의 부처님나라를 완전히 비출 때도 있느니라.

그러므로 그 부처님을 말할 때 한없는 광명을 뿜는다고 해서 무량광불이라고 부르기도 하고, 또 끝없는 광명을 쏟아낸다는 뜻으로 무변광불이라고 부르기도 하며, 또 그 광명은 어떠한 장애물도 모두 다 통과할 수 있다고 해서 무애광불이라고 부르기도 하느니라.

또 그분의 광명에는 누구도 상대할 자가 없다고 해서 무대광불이라고 부르기도 하며, 그 광명이 불꽃처럼 타오른다 해서 염왕광불이라고도 하며, 또 깨끗한 광명만 나온다고 해서 청정광불이라고도 하며, 누구든지 그 광명을 보면 기쁜 마음이 자연적으로 일어나기 때문에 환희광불이라고도 하며, 또 그 광명은 지혜에서 나오기 때문에 지혜광불이라고도 하느니라.

또 그 광명은 끊임없이 중생세계에 비쳐지기 때문에 부단광불이라고도 하며, 중생들은 그 광명에 대해 가히 사량할 수가 없으므로 난사광불이라고도 하며, 어떻게 그 광명을 불러야 좋을지 몰라 무칭광불이라고도 하며, 해와 달의 광명을 능가하기 때문에 초일월광명불이라고도 하느니라.

그 어떤 중생이든간에 이 광명을 입게 되면

탐욕과 성냄, 그리고 어리석음의 업장이 소멸이 되고
몸은 부드러워지고 마음은 온화해져서
뛸듯이 기쁨에 젖어들게 되며
선심이 그대로 용솟음치게 되느니라.

혹 지옥 아귀 축생의 세계에 살면서
끝없는 고통을 받다가도
이 광명을 만나게 되면
모두 다 휴식을 얻게 되고
다시는 그러한 고통과 괴로움을 받지 않고 살아가다가
수명이 다하게 되면 모두 해탈을 얻게 될 것이니라.

무량수 부처님이 내뿜는 광명은
너무나 찬란하게 빛이 나
모든 부처님나라들을 고루 비추어 주시다 보니
그 부처님의 이름을 듣지 못하는 중생이 하나도 없느니라.

나 혼자서 그분의 광명에 대하여 언급하는 것 같지만
일체의 모든 부처님과 성문들 그리고 연각들에 이어
모든 보살들의 무리들도
모두 함께 그분의 광명을 찬탄하고
그분의 본원력에 감탄하고 있으니
그것은 바로 지금 내가 말하는 것과

똑같이 그들의 중생들에게 설하고 계시느니라.

어떤 중생이든지 간에
그분이 갖고 계시는 광명과 위신력과 공덕에 대해서 듣고
연속되는 마음으로 밤낮의 구분없이
지극하게 그분을 생각하며 염불을 하고
그분이 계시는 극락세계에 가 태어나고자 하면
모두 다 그 소원을 이루게 될 것이니라.

그곳에 태어나게 되면
모든 보살들과 성문의 무리들이
모두 함께 참 잘 왔노라 하면서
그 공덕을 칭찬하고
그 지극한 발원을 가상하게 여겨 줄 것이니라.

그곳에서 최후의 몸을 얻게 되면
드디어 불도를 이루게 되는데
그 때가 되면 그 부처에게도 끝없는 광명이
흘러넘치게 될 것이니라.

그러면 이렇게 내가 아미타불의 광명을 칭탄하는 것처럼
시방 허공계에 두루 계시는 모든 부처님들과 보살들이
그의 광명에 대해서도 끝없이 칭탄해 주실 것이니라."

고 말씀하셨습니다.

　그러시면서 저에게,

　"극락세계에 계시는 아미타불인 무량수 부처님께서 갖고 계시는 광명과 위신력은 정말 대단하고 우뚝하여 더 없이 수승하고 기묘하기 때문에 내가 그 사실을 있는 그대로 모두 다 말하자면 일겁 동안 밤낮으로 설명해도 그것을 완전히 다 끝낼 수는 없을 것이니라."
고 하시면서 또,

　"무량수 부처님의 수명은 영구하고 영원해서 어떻게 계산으로 그 수명이 얼마만큼이나 된다고 말할 수가 없느니라. 너는 정녕 알 수 있는가? 가령 시방 허공계에 산재해 있는 모든 생명들이 모두 다 인간이 되어 성문과 연각의 지위에 올라 모두 한자리에 모여서 선정에 든 일심의 상태로 모두 다 자기가 갖고 있는 지혜를 총동원하여 백천만억 겁 동안 그분의 수명을 셈으로 계산하고 마음으로 헤아린다 하더라도 그분의 수명은 도대체 얼마나 장구한지 결코 그 시간의 끝을 알 수가 없느니라.

　그 부처님 밑에서 공부하는 성문들과 보살들, 그리고 그 국토의 하늘사람과 지상사람들의 수명도 길고 짧기가 그와 같아서 인간들이 갖고 있는 산수와 비유로는 도저히 알 수 없는 무량한 시간 동안 영원히 살 수 있느니라.

　또 그곳에 살고 있는 성문들과 보살들의 숫자도 어떻게 가히 측량하고 헤아릴 수 없을 정도로 많고 많이 있느니라. 그들은 모두 다 신통과 지혜를 통달하였기 때문에 그들이 갖고 있는 위신력의 힘은 정말 대단하여 손바닥 안에 일체의 세계를 모두다 능히 자유자재하게 움켜쥘 수가 있느니라."
고 하셨습니다.

또 저에게,
"그 법장 스님이 아미타 부처가 되어 처음 법회를 열었을 때도 그 주위에 모여든 성문과 연각들의 수가 엄청나게 많아 셈으로는 도저히 어떻게 표현할 수가 없을 정도였느니라. 설사 신통제일인 대목건련 같은 자가 백천만억으로 무량 무수하게 많아서 그들이 아승지 나유타 겁은 물론 죽을 때까지 모두 다 함께 그 인원을 힘들게 셈한다 하더라도 결코 다 능히 셀 수 없는 어마어마한 청중들이었느니라.
비유하자면, 깊고 광대하고 한량이 없는 큰 바다를 가령 어떤 한 사람이 가느다란 털 한 개를 백등분으로 쪼개어서 그 쪼개진 미세한 털 한 개를 사용해 한 방울의 바닷물을 적셔 올렸다고 한다면, 네 생각은 어떠하냐? 그 적셔진 한 방울의 물이 많은가? 아직도 남아 있는 거대한 바닷물이 많은가?"
라고 물으셨습니다.
그래서 제가 부처님께,
"그 한 방울의 작은 물로 그 큰 바닷물에 견준다는 것은 도저히 말이 되지 않습니다. 그것은 많고 적음의 차이를 떠나 그 어떤 수력과 산수와 언어와 비유를 들어 견준다고 해도 그것은 결코 비교가 되지 않습니다."
라고 대답하자 부처님께서,
"저 목건련 같은 무리들이 백천만억 나유타 겁 동안 그 부처님의 첫 법회에 모인 성문과 보살들의 인원을 다 세어 그 수를 알려는 것은 마치 한 개의 털에 적셔진 물방울로 그 큰 바다 전체와 크기를 비교하는 것과 같이 전혀 불가능한 일이니라."
고 하셨습니다. 또,
"그 극락세계에는 그 세계 전체의 나무라는 나무는 모두 다 칠보로 만들어져 있느니라. 금나무, 은나무, 유리나무에 이어 파려나무 산호나무, 마노나무, 자거나무들이 그 세계에 꽉 들어차 있는데, 한 나무가 한 개의 보석으로 되어 있기도 하고, 또는 두 개 세 개에 이어 나무 하나가 완전히 칠보로 만들어진 것도 있느니라.

금나무에는 은으로 된 잎과 꽃과 과일이 달리기도 하고, 은나무에는 금으로 된 잎과 꽃과 과일이 열리기도 하며, 또는 유리로 된 나무에 파려로 된 잎과 꽃과 열매가 달리기도 하고, 또 수정나무에 유리 잎과 꽃 열매가 열리기도 하고, 혹은 산호나무에 마노잎과 꽃 그리고 과일이 열리기도 하며, 마노나무에는 유리로 된 잎과 꽃, 과일이 달리기도 하고, 또 자거로 된 나무에는 온갖 가지의 보석으로 된 잎과 꽃 그리고 과일이 맺히기도 하느니라.

어떤 나무는 자주색 금으로 뿌리가 되고 백은으로 된 줄기에다 유리로 된 가지를 가지고 있으며 거기에다 수정으로 된 곁가지를 달고 산호로 된 잎에다가 마노로 된 꽃과 자거로 된 열매를 가지고 있는 나무도 있느니라.

또 어떤 보석의 나무는 백은으로 된 뿌리에다 유리로 된 줄기, 수정으로 된 가지, 산호로 된 곁가지, 마노로 된 잎, 자거로 된 꽃에다가 붉은 금으로 된 과실을 달고 있느니라.

혹은 어떤 보석의 나무는 유리로 뿌리가 되어 있고 수정으로 줄기가 되어 있으며, 산호로 된 가지에다 마노로 된 곁가지 위에 자거로 된 잎과 자금으로 된 꽃에 이어 백은으로 된 열매가 달려 있는 나무도 있고, 또 어떤 보석의 나무는 뿌리는 수정으로 되어 있고 줄기는 산호, 가지는 마노에 이어 곁가지는 자거에다 자금으로 된 잎 속에 백은으로 된 꽃과 유리로 된 과실을 갖고 있기도 하느니라.

또 어떤 나무는 산호로 된 뿌리에다 마노로 된 줄기 위에 자거로 된 가지를 갖고 거기에다 자금으로 된 곁가지를 가지고 백은으로 된 잎, 유리로 된 꽃 그리고 수정으로 된 열매를 갖고 있기도 하며, 또 어떤 보석의 나무는 뿌리는 마노로, 줄기는 자거로, 가지는 자금으로, 곁가지는 백은으로, 잎은 유리로, 꽃은 수정으로, 열매는 산호로 된 것도 있으며, 마지막으로 또 어떤 보석의 나무는 뿌리는 자거로, 줄기는 자금으로, 가지는 백은으로, 곁가지는 유리에다 수정으로 된 잎을 갖고 거기에다 꽃은 산호로, 과일은 마노로 된 것도 있느니라.

그 보석의 나무들은 나란히 줄을 지어 서로 마주보고 서 있는데, 줄기는 줄기대로 서로 바라보며, 가지는 가지대로 서로 고르게 나열하고, 잎은 잎대로 서로를 향하며, 꽃은 꽃대로 서로 엉키지 않은 상태로 차례대로 포개지고, 과일은 과일대로 서로 마주 상대해 있다 보니, 그 무성한 색깔과 광채가 얼마나 눈부신지 정말 가히 바라볼 수 없을 정도로 아름답기가 그지없느니라.

거기에다 맑고 서늘한 바람이 부드럽게 불어올 때마다 그 나무들은 궁·상·각·치·우의 오음을 미묘하게 내어 자연적으로 아주 멋진 화음의 음악을 연주하느니라.

또 무량수 부처님이 계시는 극락세계의 보리수나무는 높이가 사백만 리나 되고 그 밑둘레는 오천 유순이나 되며 가지와 잎은 동서남북 사방으로 이십만 리나 두루 퍼져 있느니라. 이 보리수나무는 모든 보석들이 자연적으로 합성되어진 것인데, 특히 보석들 가운데서 가장 아름다운 월광마니보주와 지혜륜보주가 들어 있어서 장엄의 극치를 이루고 있느니라.

수많은 나뭇가지 사이마다 보석들과 영락구슬이 실에 꿰인 듯이 달라붙어 백천만 가지나 되는 자체의 색깔을 내고 거기에다 서로의 빛을 반사하다 보니 겹쳐진 색광으로 인해 한량없는 광색이 어우러져 밝게 빛나기가 그지 없느니라.

그 위에는 진귀하고 오묘한 보배그물이 덮여져 있어 더욱 더 장엄시키다 보니 그 속에 들어 있는 온갖 물상들이 서로서로의 모습을 반영하고 투영하여 한 개의 보배구슬에 전체가 그대로 드러나지게 되느니라.

미풍이 천천히 불어와서 보석으로 된 모든 나무들을 스치게 되면 그 나무들은 무량한 묘법을 연출하게 되는데, 그 음성의 소리는 허공계의 모든 부처님나라들로 두루 퍼져 나아가느니라.

그 때 어떤 중생이든지 간에 그 묘법의 소리를 듣게 되면 깊은 무생법인의 지위를 얻게 되어 불퇴전의 계위에 안주하게 되느니라. 그렇게 되면 그 중생은 불도를 이룰 때까지 언제나 예리하고 섬세한 귀의 기능을 갖게 되어 온갖 고난과 환난으로부터 벗어나게 될 것이니라.

눈으로 만약 그 빛을 보게 되거나 코로 그 향기를 맡게 되거나 또는 입으로 그 맛을 알게 되거나 믿음으로 그 광명을 받게 되면 극락세계에 왕생하는 인연을 확실히 맺게 되며, 그 공덕으로 결국 깊고 심오한 법인을 얻어 더이상 뒤로 물러나지 않는 지위에 무사히 안주하게 되느니라. 그렇게만 되면 모든 감각기관이 맑아지고 밝아져서 일체의 괴로움과 우환이 없어지게 되느니라."
고 하셨습니다.

그러시면서 또 부처님은 저에게,

"만약 그곳에 살고 있는 모든 중생들 가운데서 누구든지 그 보리수나무를 보게 되면 바로 앞에서 말한 세 가지 법인, 즉 음향인과 유순인 그리고 무생법인을 얻을 수 있게 되느니라. 그것은 모두다 무량수 부처님의 위신력과 본원력과 또 만족원과 명료원과 견고원과 구경원의 힘을 입기 때문에 그런 깨달음을 이루게 되는 것이니라."
고 하셨습니다.

또 부처님께서 저를 부르시고는,

"세간에 있는 황제들도 사실 백천 가지나 되는 온갖 음악을 갖고 있느니라. 그들보다 더 위대한 전륜성왕들은 황제보다도 더 많은 음악을 가지고 있는 것은 물론이지만 그 위에 있는 사천왕에 비하면 너무 보잘것 없는 것들뿐이니라. 그러나 그보다 더 높은 여섯 번째인 타화자재천으로 올라가면 아래하늘들이 갖고 있는 음악은 정말 너무 초라하고 볼품없는 것에 지나지 않느니라.

세속의 황제가 갖고 있는 음악은 여섯 번째의 하늘음악에 비하면 천억만 배에도 결코 미치지 못하느니라. 사실 그 하늘의 음악이 수만 가지의 기악으로 연주되어 최고로 아름답다고는 하나 무량수 부처님이 계시는 극락세계의 보리수나무 즉, 일곱 가지 보석으로 만들어진 그 나무에서 나오는 한 곡의 음악에 비하면 천억 배나 차이가 날 정도로 아무 것도 아니니라.

그 나무에서는 자연적으로 온갖 가지의 음악을 저절로 연주하는데, 그 음악의 내용은 모두 다 진리를 드러내는 소리들이어서 맑고 화창하고 애닲고 밝고 미묘하고 온화하고 아름답기가 그지없어서 시방 허공계의 모든 나라들이 갖고 있는 일체의 음악소리들은 가히 거기에 견줄 수 없을 정도로 가장 훌륭하고 가장 뛰어나느니라.

극락세계에는 칠보로 장엄되어져 있는 강당과 정자와 궁전과 누각들이 즐비하게 서 있느니라. 그것들은 누가 인위적으로 만든 것이 아니라 자연적으로 생겨난 것들인데, 거기에는 진주와 명월주와 마니주 같은 온갖 보석들이 서로 교차하면서 사방에 빽빽히 박혀 있느니라.

그 건물들의 안과 밖 그리고 좌우로는 수로써 헤아릴 수 없을 만큼의 온갖 연못들이 있는데, 그 크기는 십 유순이 되는 것에서부터 이십, 삼십에 이어 백 유순, 천 유순이나 되며 모두 다 아름답고 균형있게 자리잡고 있느니라.

그것들은 가로 세로의 길이가 똑같은 정사각형이며 깊고 또 얕기가 모두 다 각각 한결같느니라. 그 연못들에는 여덟 가지 공덕의 약수물이 깊고 고요하게 항상 가득차 있으며, 언제나 상큼한 향기가 나와 사람들의 육신을 아름답게 가꾸어주고 맛은 감로수와 같이 달콤해 그것을 마시는 사람은 모든 번뇌가 말끔히 씻기어 지느니라.

황금으로 된 연못바닥에는 백은으로 된 모래가 깔려 있고 백은으로 된 연못에는 황금으로 된 모래가 깔려 있으며, 수정으로 된 연못바닥에는 유리로 된 모래가 깔려 있고 유리로 된 연못바닥에는 수정으로 된 모래가 깔려 있으며, 또 산호로 된 연못바닥에는 호박으로 된 모래가 깔려 있고 호박으로 된 연못에는 산호로 된 모래가 깔려 있느니라.

또 자거로 된 연못바닥에는 마노로 된 모래가 깔려 있고 마노로 된 연못에는 자거로 된 모래가 깔려 있으며, 백옥으로 된 연못에는 자금으로 된 모래가 깔려 있고 자금으로 된 모래바닥에는 백옥으로 된 모래가 깔려 있는데, 더러는 하나의 연못에 두 가지 세 가지 보석에 이어 일곱 가지 보석들이 함께 합성되어 이루어진 것도 있느니라.

그 연못들의 가장자리 위에는 전단향의 나무가 있어서 그 꽃과 잎이 수면 아래로 넓게 드리워져 있고 그곳에서 나오는 향내는 그 주위를 두루 감싸며 번져 나가느니라. 또 하늘나라에 있는 우발다라꽃과 발담마화꽃, 구모두화꽃, 분타리화꽃들이 내뿜는 온갖 색깔의 광채가 무성하게 섞이어 수면 위를 가득 덮고 있느니라.

극락세계에 사는 보살들과 성문의 무리들이 만약 보석으로 된 연못에 들어가 마음 속으로 발을 적시고 싶으면 물이 곧 발을 적셔주고, 무릎까지를 적시고 싶으면 무릎까지 적셔주고, 또 허리까지 적시고 싶으면 바로 허리까지만 적셔주고, 목까지 씻고 싶으면 희유하게 목까지만 차오르게 되며, 만약 온몸을 다 씻고 싶으면 부드럽게 온몸을 모두 목욕시켜주느니라. 그러다가 물을 본래대로 되돌리고 싶으면 바로 그 물들이 알아서 발 밑에까지 자연적으로 내려가게 되느

니라

　연못의 물은 차고 따뜻하게 하는 온도를 마음먹는 대로 조절할 수 있어서 취향에 따라 냉온수를 자연스럽게 사용하다 보니 한번 그곳에서 목욕을 하게 되면 정신이 신통스럽게 맑아지고 육체가 날아갈 듯이 상쾌해져 모든 번뇌를 전부 다 씻어버린 것 같아 기분이 매우 좋아지게 되느니라.

　그 물은 사실 얼마나 맑고 깨끗한지 아무리 크고 깊은 연못이라 할지라도 꼭 물이 연못에 없는 것 같아서 밑바닥에 깔리어 있는 보석으로 된 모래가 훤히 다 드러나 보이느니라.

　그 물은 잔물결을 일으키면서 연못 속에 들어 있는 모든 것들을 차례대로 적셔가며 빠르지도 않고 느리지도 않게 조용하고 천천히 한 바퀴씩 돌아가면서 잔잔하게 흐르느니라. 그 잔물결들은 한량없는 자연의 아름다운 소리들을 자아내기 때문에 누구든 자기가 원하는 소리를 그 물결들에 의해 듣고 싶어하면 그 물결이 그런 소리를 내어주어 그의 마음을 언제든지 기쁘게 해 주느니라. 평상시에는 그 물결 속에서 부처님의 목소리가 들리기도 하고 또 불법의 소리가 들리기도 하며, 어떤 때는 수행자들의 목소리가 들리기도 하느니라.

　또 어떤 때는 열반의 세계에 대한 설법의 목소리가 들리기도 하고 공(空)과 무아(無我)의 소리가 들리기도 하며, 혹은 대자대비한 관세음보살의 목소리가 들리기도 하느니라. 혹은 6바라밀과 10력과 4무소외에 대한 법문의 소리가 들리기도 하며, 부처님은 다른 성자들과 열여덟 가지가 다르다는 18불공법의 소리에 이어 모든 신통과 지혜에 대한 법문의 소리가 들리기도 하느니라.

또 진리는 누가 인위적으로 만들어 놓은 것이 아니므로 그것은 나지도 않고 없어지지도 않기 때문에 그것을 깨닫는 자는 무생법인을 얻을 수 있어서 부처님이 그에게 반드시 후일 성불할 것이라는 증표로 그의 머리 위에 물을 부어주는 관정의 소리도 들리게 되는 등 온갖 오묘한 설법의 소리를 자아내고 있느니라.

그와 같은 무수한 소리들이 자기가 듣고자 하는 대로 들리어지기 때문에 언제나 기쁘기가 한량없고, 또 그 마음이 청정해지다 보니 욕심을 버리고 오로지 진실된 세계인 열반에 들어가게 하도록 하느니라.

그러면 불·법·승 삼보를 받들면서 열 가지의 힘과 네 가지의 두려움 없음과 18불공법을 수련하게 되므로 모든 신통과 지혜를 수순하여 보살과 성문들이 나아가는 진리의 도에 함께 합류하게 되느니라.

그렇게만 된다면 지옥·아귀·축생과 모든 고통과 일체의 괴로움 같은 것들이 그에게는 더 이상 있을 수 없게 되므로 이제부터는 설법을 들으려고 애를 쓰지 않아도 자연적으로 그의 귀에는 언제나 상쾌하고 즐거운 법의 소리들이 가득하게 들려오게 되느니라. 그런 희유한 일이 있기 때문에 그 나라를 안락국이라고 부르는 것이니라."
고 말씀하셨습니다.

또 저에게,

"아난이여, 저 무량수 부처님이 계시는 그 극락국토에 어떤 중생이든지 간에 일단 그곳에 가 태어나기만 한다면 그와 같이 청정한 육신과 모든 아름다운 음성과 일체의 신통과 공덕을 두루 갖추게 되어지느니라.

 그들이 거처하는 궁전과 의복과 음식과 온갖 기묘한 꽃과 향과 장식기구들은 제6천인 타화자재천에서 중생이 원하면 그대로 나타나는 물건과도 같이 언제든지 마음대로 쓸 수 있는 것들이니라.

 만약 식사를 하고 싶은 생각이 들면 칠보로 된 밥그릇이 바로 자기 앞에 자연히 놓여지게 되느니라. 금·은·유리·자거·마노·산호·호박·명월·진주 같은 밥그릇들 중에서 하나를 선택하면 그 밥그릇이 당장 자기 앞에 놓여지고 거기에는 수백 가지의 음식이 원하는 대로 가득하게 담기어지느니라.

 그러나 그러한 음식들이 실제로는 있지만 직접 먹는 것은 아니고 다만 눈으로 그 음식들을 보고 코로 그 냄새를 맡게만 되는데, 그래도 그것들을 직접 먹은 것 같아 저절로 포만감을 가득 느끼게 되느니라.

 그런 형식으로 식사를 하게 되면 몸과 마음이 유연해지고 가뿐해져서 더할 수 없이 기쁘지만 그래도 결코 그 음식에 대한 애착심이 생겨나지 않느니라. 일단 식사를 끝마치게 되면 그러한 음식들과 밥그릇은 흔적도 없이 사라지게 되고, 다시 원하면 언제든지 그것들이 금방 나타나게 되느니라.

 그처럼 그 불국토는 청정하고 편안하며 또 미묘하고 쾌락한 것이 저 다함없는 열반의 세계와 버금갈 정도로 수승한 곳이니라.

 그 국토에 사는 성문들과 보살들과 하늘사람들과 지상사람들은 모두다 지혜가 뛰어나고 생각이 고상할 뿐만 아니라 신통을 통달한 똑같은 한 부류의 무리들이니라. 형체도 서로 다름이 없고 생각도 서로 다름이 없지마는 다만 자기들이 과거에 익혀 왔던 중생세계의 습관이 아직 남아 있다 보니 하늘사람이라든가 지상사람이라든가 하는 구분의 명칭이 있을 뿐, 모두 다 형상과 모양이 단정하고 아름답기 그지없어 그 어떤 세상의 인간들 모습보다도 뛰어나는 희유한 육신들을 갖고 있느니라.

그들의 얼굴과 모습은 미묘하기 그지없어서 사실 하늘의 인간이라 할 수도 없고 지상의 인간이라고 말할 수 없는 절묘한 육체를 갖고 있느니라. 그들은 모두 다 그곳에 자연적인 화생(化生)으로 태어나다 보니 그 몸에 번뇌라는 것이 더 이상 있을 수 없어서 마음이 텅 비어 있고 괴로움이라는 것이 전혀 없다 보니 영원한 수명을 끝없이 누릴 수 있는 특이한 모습을 가질 수 있게 되었느니라."
고 말씀하셨습니다.

그리고 또 부처님께서 저에게,

"아난이여, 한 가지 비유를 든다면, 세속에서 가장 보잘것 없는 빈궁한 거지가 황제의 곁에 가 서게 된다면 그 거지의 형색과 모양이 정녕 그 황제의 모습과 비슷할 수 있겠는가?"
라고 물으셨습니다.

제가 그 질문을 받고 부처님께,

"만약 그러한 거지가 황제의 곁에 가 서게 된다면 그 모습이 지극히 파리하고 못나고 추해서 정말 보기가 흉할 것이옵니다. 그것은 결코 비교가 될 수가 없습니다. 정말 백천만억으로도 가히 생각할 수 없을 정도로 단연히 차이가 나는 것입니다.

왜냐하면 빈궁한 걸인은 자기 인생이 밑바닥 끝까지 떨어질 대로 떨어져 있기 때문에 비천하기가 이루 말할 수 없습니다. 그가 걸치고 있는 의복은 자기 몸 하나도 제대로 가리지 못할 정도로 다 헤어지고 음식은 고작 육신이 살아 움직일 수 있을 정도로만 섭취하다 보니 배고프고 춥고 괴롭고 고통스러움이 극에 달해 사람의 형색이라고 감히 말할 수조차 없을 지경입니다.

그렇게 된 이유는 다 전생과 연루된 것인데, 즉 전생에 재물만 쌓아두고 보시를 하지 않아 공덕과 복덕을 짓지 않았기 때문입니다. 그러면서도 늘 더 많은 재산을 끌어모으려 하고 반대로 남에게 베푸는 것은 지극히 인색하였던 것입니다.

욕심이 끝이 없다 보니 수단과 방법을 가리지 않고 재물만을 취득하는 데 혈안이 되어 있었습니다. 언제나 탐욕스런 마음을 갖고 있다 보니 수많은 재산을 가지고도 더 많이 구하고자 결코 그만두는 일이 없었던 것입니다. 그런 결과로 인과의 도리를 믿지 않고 공덕과 선업을 닦지 않아 그 죄악이 산더미처럼 적체된 것입니다.

그와 같은 사람이 목숨을 마치게 되면 평생 동안 죄악으로 끌어모은 재산과 보물들은 모두다 사라져 흩어지고 그 죄업만 자신에게 쌓이고 쌓여 그것이 바로 금생의 고통과 괴로움으로 나타나게 된 것입니다.

결국에는 자기에게 하나의 이익이 없고 모든 것이 타인들에게 돌아가 빈 손만 남게 된 것입니다. 그것은 선업을 바로 믿지 않았으며 공덕 같은 것도 정확히 알지 못했기 때문입니다.

그런 까닭으로 그는 지옥과 아귀, 그리고 축생의 세계에 떨어져 오래도록 그에 상당한 과보의 고통을 받아야 했었습니다. 그곳에서 한량없는 세월을 고통으로 보내고 난 뒤 이제 다행히 인간으로 태어나긴 했지만 그 죄업이 아직도 끈끈하게 남아 있어서 인간 중에서 가장 비루하고 더럽고 하천하고 빈궁한 거지로 살아가게 된 것입니다.

똑같은 인간의 모습을 갖고 있지만 세간에 있는 황제는 사람 가운데서 가장 존경을 받는 위치에 있습니다. 그 까닭은 숙세에 끊임없는 공덕을 쌓아왔던 결과입니다. 그들은 숙세로부터 늘 자비를 베풀고 박애를 실천하였으며, 중생들을 어질게 대하고 그들을 사랑함과 동시에 그들의 고통을 덜어주면서 인과의 도리를 확실히 믿고 선업을 닦아가며 투쟁을 일삼지 않았기 때문입니다.

그런 사람들이 목숨을 마치게 되면 그 복덕의 힘에 의해 좋은 세상인 천상에 태어나게 되는 것입니다. 그곳에서 끝없는 복락을 누리다가 이제 그곳에 더 있을 수 없는 미세한 선복으로 인간세상에 태어나게 되는 것입니다. 비록 천상의 세계에서는 미미한 복덕에 불과하지만 그 복덕으로 한 차원 낮은 인간세상에 내려오면 제왕의 집안에 태어나는 엄청난 복이 되어 결국 세상에서 가장 존귀한 황제가 된 것입니다.

황제는 위의와 용태가 훌륭하고 단정하기 때문에 수많은 군중들로부터 존경과 호위를 받을 수 있고 아름다운 비단옷과 진귀한 음식을 마음대로 수용할 수 있는 권위를 갖고 있습니다. 그리고 마음대로 군중들을 복종하게 할 수 있고 또 그들을 다스릴 수 있습니다. 그러한 권능은 숙세에 쌓아온 복덕의 결과이기 때문에 능히 그러한 힘을 가지게 되는 것입니다."
라고 말씀드리자,

부처님께서,

"아난이여, 그대의 말이 옳으니라. 비록 그 황제가 형색이 훌륭하고 단정하여 사람들 가운데서 최고로 존귀한 신분이라 할지라도 전륜성왕에 비하면 그 모습이 너무나 추하고 비루한 것이 꼭 걸인이 황제의 곁에 서 있는 꼴과 같은 격이니라.

비록 전륜성왕의 위상이 빼어나고 아름다워 천하에 제일이라고는 하나 저 도리천 하늘의 왕인 제석천왕에 비하면 그 모습이 또한 추하고 비루하여 만억 배로도 어찌 비유할 바가 되지 못하느니라.

그렇게 훌륭한 모습의 도리천왕이라 할지라도 여섯 번째의 하늘 타화자재천왕에 비하게 되면 백천억 배의 비유로도 따라가지 못할 정도로 그 모습이 정말 형편없느니라. 설사 제6천의 왕이라 할지라도 무량수 부처님이 계시는 극락세계의 보살들과 성문들이 갖고 있는 얼굴빛과 자색에 비교하면 근처에도 가지 못해 백천만억 배로도 가히 비교할 수 없을 지경이니라."
고 말씀하셨습니다.

그러시면서 부처님께서 또 말씀하시기를,

"아난이여, 무량수 부처님이 계시는 그 극락세계의 모든 하늘사람들과 지상사람들이 수용하는 의복과 음식과 꽃과 향과 패물과 일산과 깃발과 그들의 미묘한 음성과 거주하는 가옥과 궁전과 누각들은 자기들의 형색에 맞게 높고 낮고 크고 작게 그대로 나타나기 때문에 모든 것에 대해 모두 다 지극히 만족해하느니라.

어떤 것들은 한 가지의 보석으로 만들어져 나타나기도 하고, 또는 두 가지로, 혹은 한량없는 무량보석으로 이루어진 것들이 있는데, 어떤 것이든지 그들이 원하는 바에 따라 그대로 자기에게 주어지기 때문에 원하는 것은 무엇이든 모두 다 가질 수가 있게 되는 것이니라.

또 온갖 종류의 보석으로 만들어진 아름다운 천이 그 땅 위에 두루 펼쳐져 있어서 일체의 중생들이 모두 다 그 위를 밟고 다니기 때문에 발바닥이 더러워지거나 다칠 염려가 전혀 없느니라.

위로는 한량없는 보석을 매단 보배그물이 그 불국토 위를 덮고 있는데, 모두 금실에다 진주와 백천 가지나 되는 수많은 보석으로 장식되어 기이하고 오묘하고 진귀하고 특이하게 장엄되고 꾸미어져 사방으로 두루 둘러싸고 있고, 그 그물코마다 보석으로 된 요령들이 수없이 드리워져 있다 보니 아름다운 광색으로 화려하기가 극치를 이루고 있느니라. 가끔가다 공덕의 바람이 서서히 일어나 조용히 불어오는데, 그 바람들은 지극히 부드럽고 온화하여 춥지도 않고 덥지도 않으며 빠르게 불지도 않고 너무 천천히 불지도 않아서 몸을 스치는 기분이 여간 감미롭고 상쾌하지 않느니라.

또 그 미풍들이 공중에 펼쳐진 보석의 그물들과 한량없는 보석의 나무들을 통과하게 되면 한없이 아름다운 법음을 일으키게 하느니라. 그로 인해 그 나무들은 억만 가지나 되는 아름다운 소리를 내고 또 그 나무에서 풍기는 공덕의 향내음은 전 세계에 고루 퍼져 나가게 되느니라.

그 소리를 듣고 그 향기를 맡게 되는 중생들은 모든 번뇌와 업장이 자연스럽게 일어나지 않게 되고, 그것들이 몸을 감고 지나가게 되면 더없이 상쾌하고 즐거워지는데, 그것은 마치 모든 번뇌를 없애고 선정의 삼매에 든 비구의 기분과 같느니라.

또 그 바람에 의해 수많은 꽃잎들이 공중에 휘날리며 그 국토 전체에 가득 흩어져 내리지만 색깔에 따라 차례대로 떨어지다 보니 전혀 혼란스럽거나 산란스럽지 않으며, 그것들은 각기 고유한 빛을 진하게 발하면서 그윽한 향기를 가득 퍼뜨리며 아래로 떨어지느니라.

극락세계의 중생들이 땅에 쌓인 꽃잎들을 밟고 지나가게 되면 네 치 정도로 발이 빠지지만 일단 발을 들어올리고 나면 다시 본래대로 돌아가 발자국으로 파인 자국이 전혀 없게 되느니라.

시간이 지나 꽃잎들이 일단 시들게 되면 지면이 즉각 갈라져 그것들을 삼켜버리기 때문에 극락세계의 땅은 언제나 정결하고 깨끗하여 티없이 맑은 상태로 계속 유지되느니라. 그러다가 또다시 바람이 불어올 시기가 되면 그 미풍이 다음의 꽃잎들을 흩날리게 하는데, 그와 같은 시기는 하루에 여섯 번이나 반복해서 일어나느니라.

또 보석으로 만들어진 수많은 연꽃들이 그 세계에 널리 퍼져 있느니라. 보석으로 된 하나하나의 연꽃들은 백천 억이나 되는 잎을 가지고 있고 그 꽃의 광명은 한량없는 온갖 색깔을 자아내는데, 청색은 청색광명을, 백색은 백색광명을, 검은색에 이어 누런색·붉은색·검붉은색들은 제각기 그들 자연의 특이한 색상을 나타내다보니, 그 광명이 어찌나 빛나고 눈이 부시는지 그 밝기가 해와 달을 오히려 가릴 정도이니라.

개개의 연꽃에는 삼십육백천억이나 되는 광명이 쏟아져 나오고 하나하나의 광명에는 또 자금색을 띤 삼십육백천억이나 되는 특이한 형상의 부처님을 출현시키느니라. 그 한 분 한 분의 모든 화현의 부처님들은 또 백천이나 되는 광명을 뿜어내면서 허공계에 산재해 있는 일체 중생 세계를 골고루 비추고 계시느니라. 그러시면서 그들을 제도하기 위해 미묘한 설법을 지금도 끊임없이 계속 하시고 계시느니라.

그와 같은 수많은 모든 부처님들로 인해 한량없는 중생들이 제각기의 근기에 따라 마음의 안락과 평화를 얻으면서 부지런히 수행하고 정진하여 최고의 불도를 깨닫게 되는 것이니라."
고 하셨습니다.

불설무량수경

하권

잠자리의 유충은 물 밑에서 살고 있다.
그들은 허공이 있다는 것은 상상도 하지 못한다.
매미의 유충은 땅 밑에서 살고 있다.
그들은 태양이 있다는 것은 상상도 못한다.
그처럼 인간도 성인이 되어 보지 않고서는
시방 허공계에 부처님이 가득하게 계신다는 것을
절대로 알지도 믿지도 못한다.

하루살이는 하루만 살다가 간다. 그들에게는 내일이 보이질 않는다.
물고기는 물에서만 살아간다.
땅 위에 또 다른 생명체가 있다는 것은 상상도 하지 못한다.
개미는 땅 위만 바쁘게 훑고 지나간다.
그 위에 두 발로 움직이는 인간이 있다는 것은 꿈에도 생각 못한다.
인간들은 산을 넘고 바다를 건넌다.

그곳에도 예외없이 생명체가 존재한다고 확인하고 있다.
그러나 그들은 보살을 보지 못한다.
지금 이 순간 여기를 가엾게 내려다 보고 있는
성인들의 눈동자를 전혀 의식하지 못하고 있다.

그러나 정말 시야가 넓은 수행자는 태양계를 초월하고
은하계를 뛰어넘은 우주의 한가운데에
거대한 극락세계가 확실하게 있다는 것까지 분명 알고 있다.

불설무량수경 하권

　부처님께서 저 아난에게,
　"그 어떤 중생이든지간에 극락세계에 태어나고자 하는 자들은 모두다 깨달음의 길로 나아가도록 올바르게 그 마음이 결정지어진 정정취의 무리에 안주해야 하느니라. 왜냐하면 저 극락세계에는 사악한 길로 나아가도록 마음이 결정지어진 사정취의 무리와 정정취나 사정취 어느 한쪽으로도 아직 분명하게 결정되어지지 않은 부정취의 무리가 없기 때문이니라.
　중생세계에는 반드시 세 부류의 중생인 정정취나 부정취, 그리고 사정취가 있게 마련이지만 저 극락세계에는 오로지 하나 정정취만 살고 있기 때문에 시방 허공계에 한량없이 계시는 수많은 모든 부처님들이 모두다 한결같이 무량수불이 갖고 계시는 불가사의한 위신력과 그 공덕을 끊임없이 찬탄하시게 되느니라.
　그러므로 어떤 중생이든지간에 무량수불인 아미타불의 이름을 듣고 기쁜 마음으로 그분의 위신력과 공덕을 믿고 지금까지 지어온 일체의 복덕을 모든 중생들에게 골고루 돌려주면서 지극한 마음으로 그 세계에 가 태어나기를 염원한다면 틀림없이 극락세계에 왕생하게 될 것이며, 일단 그 세계에 왕생하게 되면 그때부터는 결코 뒤로 물러나지 않는 불퇴전의 지위에 바로 올라서게 되느니라.

그러나 이 세상에 있으면서 아비를 죽이거나 어미를 죽이거나 아라한을 죽이거나 화합되어 있는 수행자의 공동체인 승가를 분열시켜 그 단체를 와해시키거나, 또 부처님의 몸에 피를 내는 불교의 다섯 가지 역적중죄자는 여기서 제외되느니라.

또 인과의 도리를 믿지 않아 불탑과 사찰을 파괴하고 경전과 불상을 불사르며 사찰의 재물을 훔쳐 사유화하고 수행자를 욕하고 능멸하면서 그들에게 가혹 행위를 가하거나 대승의 열 가지 적극적 계율의 선업을 짓지 않는 자들도 분명 여기에 해당되느니라. 그뿐만 아니라 수행과 공덕을 닦지도 않으면서 부처님말씀을 편의대로 왜곡하고, 또 거짓불법을 펴서 사람들을 미혹에 빠뜨리거나 잘 알지도 못하면서 불법을 진리가 아니라고 비방한 자들도 물론 여기에 포함되느니라."
고 하셨습니다.

다시 부처님께서 저를 부르시더니,

"아난이여, 그 외에 시방의 모든 세계에 살고 있는 모든 하늘사람들과 지상인간들 중에서 그 누구든지간에 지극한 믿음을 갖고 저 세계에 태어나고자 간절히 발원한다면 모두 다 확실히 태어날 수가 있느니라.

그런 부류들을 세 가지로 나누어 보면,

그 첫째는, 탐애와 욕심을 버리기 위하여 우선 먼저 가정을 떠나 수행자가 된 사람들을 말하느니라. 그들은 불도를 깨닫고자 마음을 일으켜 모든 공덕을 닦으면서 한결같은 일념으로 무량수불을 염불하여 극락세계에 왕생하고자 발원하는 상근기의 부류들이니라.

이런 수행자들이 임종을 맞이하게 되면 무량수불께서 직접 극락세계의 모든 대중들을 대동하고 그 사람 앞에 나타나 그를 인도하시게 되는데, 그 때 그 부처님을 따라 극락세계에 왕생하게 되면 칠보로 된 연꽃 속에서 즉시에 화생으로 태어나 바로 불퇴전의 지위에 올라서게 되느니라. 그렇게 되면 즉시에 지혜가 투철하고 신통이 자유자재하게 되느니라.

그러므로 아난이여, 그 어떤 중생이든지간에 금생에 무량수 부처님을 반드시 뵙고자 하는 자들은 마땅히 위없는 깨달음의 마음 즉, 무상보디의 마음을 일으키고 부지런히 수행하고 끝없는 공덕을 지어가면서 반드시 저 극락세계에 태어나기를 지성으로 발원해야 할 것이니라."

고 하셨습니다.

그리고서 또 저에게,

"그 둘째는, 시방세계에 사는 모든 중생들이 비록 큰 공덕을 닦기 위해 집을 떠나 수행자는 되지 못하더라도 지극한 마음을 갖고 극락세계에 태어나기를 간절히 바라는 중근기의 부류들이니라.

그렇지만 그들도 반드시 위없는 깨달음의 마음을 일으켜 한결같이 무량수불인 아미타불을 염불하고 있는 자들이니라. 그들은 얼마간의 선행을 닦기도 하고 가정에서 지켜야 되는 기본계율을 받들어 지켜가며 사리탑을 건립하고 불상을 조성하며 수행자들에게 음식을 공양하고 부처님전에 일산을 세우며 등을 달고 꽃을 공양하며 향을 사룬 그 공덕을 중생들에게 회향하고 지성으로 극락세계에 태어나고자 발원하는 자들이니라.

그런 사람들이 임종을 맞이하게 되면 무량수불은 진불과 모습이 거의 흡사한 화현의 부처님으로 모든 대중들을 데리고 그 사람 앞에 나타나시는데, 그 때 망설이지 말고 그 화현의 부처님을 바로 따라가면 극락세계에 가 태어나게 되어서 얼마 후에는 불퇴전의 지위에 오르게 될 것이니라. 그렇게 되면 공덕과 지혜가 앞의 상근기 부류들과 버금갈 정도로 굉장하게 될 것이니라."
고 하셨습니다.

또 저에게,

"그 셋째는, 시방세계에 사는 모든 중생들 가운데서 누구든지간에 지극한 마음으로 저 극락세계에 가 태어나고자 발원할 때, 설령 모든 공덕을 닦지 못하였더라도 위없는 깨달음의 마음을 일으켜 한결같이 오롯한 마음으로 무량수불을 줄기차게 염불하되, 그 마음이 끊어지지 않고 연속되게 하면서 그 나라에 지성으로 태어나고자 발원하는 하근기의 부류들이니라.

그런 사람들이 아미타 부처님의 공덕과 위신력에 대한 심오한 법문을 듣고 기쁜 마음으로 그 부처님을 믿고 또 좋아하면서 그 부처님의 본원에 대하여 전혀 의혹심을 내지 않는 상태로 일념으로 그 부처님을 염불하면서 지극정성을 다해 그 국토에 태어나고자 발원하게 되면, 그 사람이 임종을 맞이할 때 아주 흐릿하게나마 그 부처님의 화현을 뵐 수 있게 되느니라.

그때 의심없이 그 뒤를 뒤쫓아가 왕생하게 되면 위의 두 번째 부류들과 버금가는 공덕과 지혜를 두루 갖추게 될 것이라."

고 하셨습니다.

부처님께서 또 저에게,

"무량수 부처님의 위신력은 끝이 없어서 시방 허공계에 불가사의 하도록 수없이 많이 계시는 모든 부처님들께서 한결같이 그분의 원력을 찬탄하고 그분의 공덕을 칭탄하시는데, 단 한 분도 그렇게 하지 아니하는 부처님이 안 계시느니라.

나도 예외없이 이 사바세계에서 그분의 본원력을 너희들에게 지금 찬탄하고 있지 않느냐. 내가 다른 세계를 언급하고 있는 것처럼 분명 다른 세계의 부처님들도 그분의 중생들에게 '사바세계에는 석가모니 부처님이 지금 그 중생들에게 아미타 부처님의 공덕을 설하고 계실 것이다'고 하실 것이니라.

동쪽으로 갠지스 강 가의 모래알보다도 더 많이 펼쳐져 있는 부처님나라에서 중생들을 구제하고 있는 한량없고 수도 없는 모든 보살들이 모두 다 무량수 부처님이 계시는 극락세계에 찾아가 그 부처님과 보살님, 그리고 성문의 무리들에게 공경의 예를 드리고 또 공양을 올리느니라.

그리고 나서 무량수 부처님께 경전을 배우고 다시 자기들의 부처님께로 돌아가 그들의 중생을 계속하여 지도하고 있느니라.

그것은 동쪽 방향뿐만 아니라 남·서·북방 내지는 전 허공계의 일체보살들도 모두 다 이와 같이 하고 있으니 너희들도 예외없이 그렇게 해야 할 것이니라."

고 하셨습니다.

그리고 나서 석가모니 부처님께서는 다음과 같은 게송을 읊으셨습니다.

　　동방에 있는 모든 부처님 나라들
　　그 수는 갠지스 강 가의 모래수와 같이 많고 많은데
　　그 국토에 사는 모든 보살들의 무리들이
　　극락세계에 계시는 무량수 부처님을 찾아가 뵙는다.

　　남방·서방·북방에 이어 팔방에 이어
　　위와 아래까지 통틀어
　　그 속에 살고 있는 모든 보살들도
　　극락세계에 계시는 무량수 부처님을 찾아가 뵙느니.

　　일체의 모든 보살들은
　　제각기 자기 나라의 하늘에 피는 아름다운 꽃과
　　보석과 향과 값으로 따질 수 없는 비단을 갖고
　　무량수 부처님을 알현하고 지성껏 공양드리노라.

　　화합된 아름다운 소리를 연창하여
　　모두 자기 나라에 있는 하늘의 음악을
　　질서정연하게 연주하면서
　　우주에서 가장 수승하고 존귀하신
　　무량수 부처님께 노래로 공양드리고 있다.

신통과 지혜를 완벽하게 통달하시어
심오한 진리의 세계에 자유롭게 유영하시고
공덕이란 공덕은 모두 다 갖추고 계시는
그 부처님에게는 그 누구도 대등할 수가 없는
오묘한 지혜가 있으니.

그 지혜는 태양처럼 밝게 세상을 비추어
생사의 먹구름을 틔어 없애주기 때문에
그분 주위를 세 번씩 돌아 공경하면서
머리를 조아려 최고의 스승인 무량수불께 예배를 드린다.

그 장엄된 극락세계를 보게 되면
미묘하기 그지없어
생각과 언어로 표현할 수가 없다네.
그것을 보게 되면 한량없는 마음을 일으키게 되는데
우리 나라도 이처럼 장엄되고 아름다워지면 좋겠다고.

한결같이 모두 그런 생각을 가지고 있을 때
무량수 부처님이 환한 얼굴로 기뻐하시자
입에서 수없는 광명이 쏟아져 나와
시방의 모든 세계들을 두루 비추기 시작하신다.

그 빛이 다시 돌아와 그분의 몸을 두루 감싸고

그 주위를 세 번 돌아 이마의 흰털로 도로 들어가니
일체의 하늘사람과 지상사람들이
뛸듯이 기뻐하며 모두 다 놀라워한다.

관세음보살이 옷깃을 여미고
머리를 조아려 그 부처님께 여쭙기 시작한다.
'부처님이시여,
무슨 인연으로 그렇게 미소를 지으시나이까?
오직 원하옵나니, 그 이유를 설명하여 주옵소서.

당신의 깨끗한 목소리는 마치 우레와 같아서
여덟 가지 음성으로 묘법을 설하시게 되면
전 허공계에 메아리처럼 울려 퍼지옵니다.
그런 목소리로 보살들에게 수기를 주시려 하시나이까?
그 이유를 말씀해 주시면 지성스레 듣겠나이다.'

'시방 허공계에서 나를 찾아온 모든 보살들이여,
나는 그대들의 원을 모두 다 알고 있느니라.
굳은 의지를 갖고 장엄되고 청정한 국토를 이루려 하면
내가 수기를 주어 반드시 부처가 되도록 할 것이다.

눈에 보이는 일체의 모든 현상이
마치 꿈 같고 요술 같고 메아리 같음을 알아서

그런 발원을 하게 되었다면
언젠가는 그 발원이 원만하게 이루어져
반드시 그 원과 같은 세계를 만들 수 있다.

일체의 모든 생멸법은 흡사 번갯불 같아 영구성이 없으니
그대들은 보살이 행하여야 하는
보살도를 끊임없이 두루 닦으라.
모든 공덕의 바탕을 완전히 구비하게 되면
수기를 받아 반드시 부처가 될 것이다.

모든 법계의 성품을 통달하면
일체는 모두 비어 있고
또 나(我)라는 것도 없다는 것을 알게 될 것이다.
오로지 청정하고 장엄된 불국토를 이루려고 하면
반드시 그와 같은 세계가 이루어지게 될 것이다.'
고 하시네.

모든 부처님들은 자기들의 보살들에게
극락세계에 계시는 아미타 부처님을
부지런히 찾아가 뵈라고 하신다.
그분의 설법대로 즐거이 수행을 하게 되면
빠른 시간 안에 청정한 불국토를 이룰 수 있다고 하신다.

'누구든지 장엄되고 청정한 극락세계에
태어나기만 하면
얼마 가지 않아 신통을 얻게 되고
반드시 무량수불께 수기를 받아
부처가 될 것이다.

그 부처님의 본원력 때문에
그분의 이름을 듣고 지성으로 왕생하기를 원한다면
모두 다 반드시 저 극락세계에 태어나
스스로 불퇴전의 지위에 오르게 된다.

보살들이여,
그러므로 지극한 염원을 일으켜라.
그대들의 세계도 저 극락국토처럼
두려움 없는 곳을 만들기 위해서는.
그렇게만 된다면
일체 중생들 사이에서
그대들의 이름이 시방 허공계에 널리 퍼져 넘칠 것이다.

백천억이나 되는 부처님을 받들어 모시고자 할 때
빛과 같이 모든 세계를 두루 날아다닐 수 있는
신통력이 갖추어진다.
그렇게 기쁜 마음으로 부처님들을 공경하고서

즉시에 본국인 극락세계로 돌아갈 수 있는 것은
아미타 부처님이 갖고 계시는 위신력 때문이다.

만약에 선한 공덕이 없는 사람이라면
이 말을 들어도 믿어지지 않는다.
청정하게 숙세부터 계율을 지켜 온 사람이라야
이 말을 듣고 큰 믿음을 일으키게 될 것이다.

옛날부터 연이어서 부처님을 모셔온 사람이라면
다행히 기쁘게 이러한 말을 받아들이고
겸양과 공경의 마음으로
뛸듯이 크게 기뻐하며
그 가르침을 받들어 용맹스럽게 수행에 임하고자 한다.

게으르고 교만하며 마음이 황폐한 사람들은
절대로 이 말을 믿을 수 없다.
숙세부터 모든 부처님을 모셔 온 사람이라야
즐거이 이와 같은 설법을 들을 수 있다.

성문이나 보살들이 위대하다 하지마는
아직도 최고의 성인인 부처는 아니다.
태어날 때부터 앞을 볼 수 없는 장님이
사람들을 가르치고 그들을 지도하는 것 같다.

부처님이 갖고 계시는 지혜는 바다와 같아
깊고 넓고 또 끝없고 바닥도 없어서
성문이나 보살들이 헤아려 짐작할 수가 없다
오직 부처님들만이 독보적으로
그 사실을 알고 있을 뿐이다.

가령 일체의 모든 사람들이
모두 다 완벽하게 도를 얻어서
세상 모든 것은 본래 공(空)하다는 것을 깨달아
그 청정한 지혜로
억겁 동안 부처님의 지혜를 헤아리고

있는 힘을 모두 다 모아서 한없이 그 지혜를 말한다 해도
죽는 날까지 결코 그 끝을 알 수가 없다.
부처님의 지혜는 그와 같이 청정의 극치를 달리다 보니
시작도 없고 중간도 없고 마지막도 없어서
그냥 그대로 광대무변할 뿐이다.

세상에 인간으로 태어나기가 매우 어려운 일이지만
이미 인간의 몸을 받아 태어났었고
오래도록 사는 것도 매우 힘드는 일이지만
아직까지 죽지 않고 살아가고 있다.
부처님이 세상에 나타나는 것도 매우 희유한 일이지만

이미 나타난 부처님을 지금 만나고 있다.

사람이 믿음과 지혜를 갖추기가 매우 어렵기 때문에
이렇게 극락세계에 대한 설법을 하게 된 것이니
아미타불에 대한 믿음을 굳건히 하고
그곳에 태어나고자 부지런히 정진해야 할 것이다.

불법을 듣고도 능히 잊지 않는 사람은
부처님을 뵙고 또 지극히 공경하도록 하라.
그러면 엄청난 행운을 얻을 수 있다.
그분은 곧 너희들의 스승이시며 선지식이 되시기에
그분처럼 되려고 마땅히 거룩한 서원을 발하라.

설사 온 세계에 불길이 가득 치솟는다 해도
법문을 듣기 위해서는 그 불길도 마땅히 헤치고 나아가라.
그런 의지로 불법을 공부하면
마침내 틀림없이 불도를 이루어
생사에 허덕이는 일체 중생을 널리 구할 수 있다.'

고 하셨습니다.

부처님께서 또 저에게,
"아난이여. 저 극락세계에 살고 있는 보살들은 모두 다 이제 단 한

번의 삶으로 부처가 될 수 있는 일생보처들이니라. 그러나 고통과 괴로움으로 허덕이는 중생들을 모두 제도하겠다는 큰 서원을 발하고 그들과 함께 동고동락하면서 공덕을 닦고 자신을 장엄하면서 세연(世緣)을 따라 나고 죽는 그런 대승의 보살들은 여기서 제외하느니라."

고 하시면서

"아난이여, 저 극락국토에 살고 있는 성문들이 그들 몸에서 내뿜는 신체의 광명은 여덟 자나 되느니라. 그리고 보살들의 광명은 백 유순이나 뻗어 나가느니라. 그런 보살들 중에서도 특별히 훌륭하고 존귀하기로 소문난 두 명의 보살이 있는데, 그 보살들이 가지고 있는 위신력과 광명은 삼천대천이나 되는 일체 중생세계를 두루 비추고 있느니라."

고 하시기에 제가 부처님께 바로,

"그 두 보살님의 이름은 어떻게 되옵니까?"

라고 여쭈자 부처님께서,

"한 분의 이름은 관세음보살이고, 또 한 분의 이름은 대세지보살이라고 하느니라. 그 두 분의 보살들은 과거 수없는 세월 동안 이 사바세계에 머물면서 깨달음을 위해 온갖 어렵고 힘든 모진 수행을 다 하고 마지막으로 저 극락세계에 태어났기 때문에 이 사바세계 중생들의 품성을 어느 보살보다도 더 잘 알고 있느니라."

고 하시면서,

"아난이여, 그 어떤 중생이든간에 일단 저 극락세계에 태어나기만 하면 모두 다 서른두 가지 특이한 대인의 모습을 완벽하게 갖추게 되느니라. 그러면 지혜가 충만하게 이루어져 모든 법의 이치를 깊이 깨달아 그 법의 요지와 미묘함을 투철하게 밝힐 수 있는 능력을 구비하여 걸림없는 신통을 얻게 되느니라.

그러므로 모든 감각기관이 밝아져 더없이 예리해지고 명리해지게 되느니라. 그 중에서도 근기가 낮은 사람들은 직접 부처님의 말씀을 듣고 진리를 깨닫는 음향인(音響忍)과 진리에 수순하여 진리를 깨닫는 유순인(柔順忍)을 얻게 되고, 근기가 수승한 사람들은 본래 생멸이 없는 실상을 바로 깨닫는 무생법인(無生法忍)을 증득하게 되느니라.

또 저 국토의 보살들은 부처가 될 때까지 이제 두 번 다시 지옥·아귀·축생의 고통을 받지 않으면서 자유자재한 신통력으로 끝없는 자유를 만끽하고, 또 과거 전생에 다른 중생세계를 거쳐 살아온 모든 것들을 언제나 기억해 낼 수 있는 숙명통을 갖추고 있기 때문에 과거는 회상할 수 있으나 그 과거의 업연에는 전혀 묶이지 아니 하느니라.

그런 훌륭한 보살들이 이런 오탁악세에 때로는 동료의 신분으로 때로는 타인의 신분으로 나타나 중생들을 일깨우고 그들을 교화시키며, 또 그들을 극락세계로 인도해 가려고 무진 애를 쓰고 있는데, 여기 내가 담당하고 있는 사바세계에도 그런 보살들이 수없이 많이 와 너희 같은 중생들을 제도하고 있다는 것을 분명히 알고 있어야 할 것이니라."

고 하셨습니다.

또 부처님께서 저에게,

"저 극락세계에 살고 있는 보살들은 아미타 부처님의 위신력을 입어 다른 대중들이 한 번 식사하는 시간 동안에 한량없는 시방세계를 두루 날아다니면서 모든 부처님들을 공경하고 또 공양하느니라. 그들에게 필요한 공양물은 생각하는 대로 모두 다 그대로 자기들에게 주어지기 때문에 부처님께 공양할 물건을 애써 구하지 않아도 언제나 충족되어져 있느니라.

아름다운 꽃과 향, 악기와 음악에 이어 의복과 일산, 그리고 깃발 등 수없고 한량없는 이런 공양물들이 염원함과 동시에 바로 나타나는데, 그것들은 너무나 진귀하고 아름답고 또 빼어나고 특이해서 인간 세상에서는 결코 구할 수 없는 기이한 물건들이니라.

그들이 꽃바구니를 들고가 모든 부처님과 보살들, 그리고 성문의 무리들에게 공경의 마음으로 꽃을 흩어 뿌리면 그 꽃들은 허공 중으로 올라가 둥글고 커다란 꽃다발로 변하게 되느니라. 그 둥근 꽃다발의 빛깔은 이루 말할 수 없을 정도로 화려하고 아름다우며, 내뿜어지는 그윽한 향기는 천지를 진동시키느니라.

그 꽃다발의 둘레는 400리나 되는 작은 것으로부터 점점 더 커져 나아가다가 마지막에는 삼천대천세계를 모두 다 덮을 수 있는 거대한 꽃무리가 되어 일정하게 허공 중에 머무르다가 이내 사라지느니라.

부처님을 방문하는 차례를 따라 새로운 꽃다발이 일어나고 또 사라지고 하는데, 그것을 보고 있는 수많은 보살들은 모두 다 감격해서 기쁨을 억제하지 못하게 되느니라. 그때 허공 중에서 하늘의 음악이 울려 퍼지면서 미묘하고 아름다운 노래로 부처님의 크나큰 공덕을 끝없이 찬탄하는 소리가 들리게 되느니라.

그들을 방문한 극락세계의 보살들을 위해 모든 부처님들은 마지

막으로 설법을 해 주시는데, 그것을 듣는 보살들은 환희에 젖어 뛸
듯이 기뻐하게 되느니라. 그리고는 다시 그 부처님들께 공양과 공경
을 드리고 식사시간이 끝나기도 전에 홀연히 그 자리를 벗어나 다시
본국인 극락세계로 돌아가는 것이니라."
고 말씀하셨습니다.

　부처님께서 또 제 이름을 부르시면서,
"아난이여, 극락세계에 계시는 무량수불께서 모든 성문들과 보살
들, 그리고 일체의 대중들을 위해 설법을 하실 때에는 칠보로 만들
어진 강당에 모두 모이게 하고 널리 불도의 가르침을 펴시는데, 그
오묘한 가르침을 듣고 있는 일체의 대중들은 큰 환희심을 갖고 지성
스레 그 법문을 듣기 때문에 그대로 그 마음이 크게 열려져 마지막
에 불도를 얻지 못하는 자가 한 사람도 없게 되느니라.

　그 때에 사방에서 미풍이 일어나 일곱 가지 보석으로 된 나무를
스치고 지나가게 되면 모든 나무에서는 다섯 가지 음율인 오음이 연
출되고, 하늘에서는 아름다운 꽃들이 바람을 따라 사방으로 흩날리
면서 그 부처님께 끊임없는 자연공양을 올리느니라.

　일체의 모든 하늘사람들도 그 때가 되면 모두 다 자기 나라에 있
는 백천 가지의 꽃과 향과 수만 종류의 음악을 가지고 가서 그 부처
님과 보살들, 그리고 성문의 무리들께 공양을 드리며 그 법회를 장
엄하느니라.

　아름다운 꽃을 받들어 올리고 향긋한 향내음으로 주위를 맑히면
서 모든 음악을 연주하는데, 그 순서는 당도한 차례대로 질서정연하
게 줄을 서서 하기 때문에 전혀 혼란스럽거나 번잡하지 않아 그것을

보는 대중들은 그 행렬에 감동되어 가히 말할 수 없을 정도로 너무 너무 기뻐하게 되느니라."
고 하셨습니다.

　그리고 또 저에게,
"그 극락세계에 살고있는 모든 보살들은 언제나 정확한 법문과 올바른 정법만을 설파해 주며, 한량없는 지혜를 갖고 있기 때문에 법문이 틀리거나 빠뜨리는 등의 실수를 범하지 않느니라. 또 그들은 그 나라에 있는 일체의 만물들에 대해서 내것이라는 소유심이 없을 뿐만 아니라 그 어떤 것에도 애착심이나 탐애심을 내지 않느니라.
　그러므로 가고 오고 움직이고 쉬는 일상생활에서 어떤 특별한 인연으로 계파를 만들지도 않고, 개인적으로 좋은 일이다 하여 어떤 문제에 골똘히 매달리는 일도 없으며, 또 싫은 일이라 하여 그것을 어떻게든 회피하고자 하는 마음이 없기 때문에 그들의 삶은 늘 자유자재하게 안락을 누릴 수 있는 것이니라.
　그들에게는 너도 없고 나도 없으며, 경쟁도 없고 다툼도 없는 큰 자비심을 갖고 있기 때문에 그것으로 일체 중생을 너그럽게 보살펴서 언제나 큰 이익을 내려 주고 있느니라. 또한 그들의 마음은 부드럽고 온화하며 일체의 업연으로부터 벗어나 있기 때문에 분노와 원한의 마음이 없으며, 번뇌의 오염으로부터 벗어나 청정하다보니 싫어하거나 게으른 마음이 없느니라.
　그들은 늘 평등한 마음과 수승한 마음에 이어 깊은 마음, 선정의 마음을 갖고 있다 보니 진리의 불법을 좋아하고 또 법에 따라 살아가는 것을 큰 즐거움으로 여기고 있느니라.

또 설법하는 것을 기쁘게 듣고서 직접 수행에 옮기다 보니 모든 번뇌를 벗어나 두번 다시 지옥·아귀·축생의 고통세계에 빠지지 않느니라.

그들은 또 숙세로부터 일체의 온갖 보살도를 행하여 왔기 때문에 한량없는 공덕을 완벽하게 구비할 수 있고, 그로 인해 깊은 선정을 얻다 보니 삼명(三明)과 육신통을 통달하고 칠각지(七覺支)에 자유로이 유영하면서 마음을 닦아 진리를 깨달아 갈 수 있게 되느니라.

또 그들의 육안(肉眼)은 맑고 밝아서 사물의 본질을 그대로 꿰뚫지 아니함이 없고, 천안을 통달해서 삼세와 공간을 두루 밝게 비추어 보지 아니함이 없느니라. 또 법안(法眼)으로 일체 만유의 차별상을 세밀히 관찰하여 모든 진리를 온전히 밝혀내고, 혜안(慧眼)으로 영원한 실제인 진리를 보아 능히 피안으로 나아가고 있으며, 불안(佛眼)으로 법계의 성품이 공하다는 것을 깨달아 걸림없는 지혜로 중생들을 위해 진리의 법을 한없이 설하게 되느니라.

그들은 또 삼계라는 것은 현상으로는 존재하지만 본질적으로는 텅비어 존재하지 않는다는 사실을 평등하게 관조하고, 굳은 의지로 깨달음의 법을 증득하려고 용맹스럽게 수행하며, 또 모든 언어와 설득력을 두루 갖추어 중생이 갖고 있는 번뇌의 괴로움을 완전히 제멸해주고 있느니라. 그들은 또 진여(眞如)로부터 태어나다 보니 그 진실된 법은 언제나 청정하여 늘 한결같이 여여하게 존재하고 있음을 잘 알고 있느니라.

고집멸도(苦集滅道)의 사성제를 잘 이해하고 설법과 방편으로 중생을 제도하면서 세간의 거짓된 소리를 좋아하지 않고 언제나 출세간의 올바른 논리를 펴면서 모든 선근의 공덕을 쌓고 지성으로 부처님과 그 말씀을 받들면서 일체의 현상법이 모두 다 열반의 다른 모습이라는 것을 여실히 인지해서 생사와 번뇌의 모든 습연을 다 여의고 있느니라.

또 그들은 심오한 불법을 들어도 결코 의심하거나 두려워하지 않고 항상 자발적으로 바라밀행을 실천하며 궁극적인 부처님의 말씀인 일승으로 일체 중생을 열반에 들어가도록 하기 위해 자상하고도 평등한 대자대비로 모두 다 감싸고 거두어 주지 아니함이 없느니라.

그들은 또 부처님의 말씀에 대해 의심하는 마음을 모두다 결연하게 끊어버리고 열심히 정진하다 보니 그 마음으로부터 지혜가 나타나 모든 불교법을 모조리 통달해 남음이 없느니라.

그래서 그들의 지혜는 한량없는 바다와 같고 삼매는 수미산과 같이 고요해 동요함이 없으며, 지혜의 광명은 깨끗하기가 한량이 없어 해와 달의 광명을 뛰어넘고, 맑고 순백한 진리법을 원만하게 모두 갖추다 보니 우뚝한 설산과도 같으며, 모든 공덕이 평등하게 한결같이 청정해져 있는 것은 마치 원만한 거울이 만상을 있는 그대로 여실히 비추는 것과 같느니라.

그들의 마음은 대지와 같아 깨끗하고 더럽고 좋고 나쁜 차별심과 변덕스러움이 없으며, 맑은 물과 같아 혼탁한 여러 가지 번뇌의 때를 씻어내고, 또 타오르는 불길과 같아 일체 중생이 갖고 있는 모든 번뇌의 숲을 모두다 태워 없애 주느니라.

또 그들의 마음은 태풍과 같아 모든 중생세계에서 수행자들이 겪고 있는 장애를 날려 버리고, 허공과 같아 일체의 모든 현상법에 집착이 없으며, 또 연꽃과 같아 어떠한 세계에 중생들과 함께 더불어 있더라도 더러움과 혼탁함에 물들거나 오염되지 않느니라.

그들의 마음은 또 큰 수레와 같아서 일체 중생을 모두 태우고 생사가 없는 곳으로 날라다 주며, 짙은 구름과 같아 대법의 뇌성을 터뜨려 꿈을 꾸고 있는 중생들을 깨워 일으키며, 큰 비와 같아 감로의 법비를 내려 메마른 중생들을 윤택하게 해 주고 있느니라.

또 그들의 마음은 마치 금강산과 같아 온갖 마구니와 외도들이 아무리 거센 압력과 핍박을 가해도 끄덕하지 아니하며, 범천왕과 같아 모든 선법에 있어서 그 누구보다도 가장 으뜸의 위치에 있느니라.

그들의 마음은 마치 니구류 나무와 같아 모든 중생들에게 안식처가 되어주고, 우담바라꽃과 같아 너무나 고귀하고 만나보기 어려우며, 또 용을 잡아먹고 산다는 금시조와 같아 타종교의 가르침을 위덕으로 눌러 이겨 항복을 받고, 하늘을 날아다니는 새들과 같아 그 어떤 것이라도 결코 저장하거나 축적하는 일이 없느니라.

또 그들의 마음은 큰 황소와 같아 그 어떠한 어려움이라도 모두 이겨 나아가고, 코끼리왕과 같아 그 누구라도 모조리 다 눌러 이기며, 사자의 왕과 같아 그 무엇에게도 두려움이 없고, 또 광대한 허공과 같아 대자대비한 마음을 고루 평등하게 내려주며, 또 질투하는 마음을 모두 꺾어 없앴기 때문에 시기심과 투쟁심이 없느니라. 오로지 즐거운 마음으로 불법만을 닦아 나아가기 때문에 누구를 싫어하는 일도 없고 거칠고 사악한 환경에 처하더라도 전혀 불평하거나 힘들어하지 않느니라.

항상 그들은 중생들을 위하여 광범위하게 불법을 설파해 주는 것으로 만족하기 때문에 결코 짜증을 내거나 싫증내는 일이 없는 마음으로 진리의 북을 두드리고 불법의 깃발을 높이 펄럭이며 지혜의 광명을 찬란하게 비추어 중생들의 어리석은 마음을 깨뜨리느니라.

또 그들은 중생들과 함께 어울리기 위하여 육화경(六和敬)을 닦아 항상 즐겁게 수행하면서 그들에게 언제나 불법을 설해 주고, 의지를 굳게 가져 용맹스럽게 정진하기 때문에 나약하거나 퇴보하는 마음을 전혀 갖지 않느니라.

그들이야말로 어두운 중생들의 세상을 밝히는 등불과 같고 중생들이 마음놓고 복덕의 씨앗을 뿌릴 수 있는 가장 수승한 복밭이 되는 것이니라.

그들은 중생들을 언제나 평등하게 보아 특별히 미워하거나 좋아하는 차별심을 갖지 않는 절대자비심으로 그들을 열반의 세계로 인도하는 스승이 되어 오직 정도를 가르치는 데만 즐거워할 뿐, 그외에 어느 것에도 기쁨과 번민을 두지 않느니라.

오로지 중생들이 갖고 있는 탐욕의 가시를 뽑아내어 그들의 마음을 평안하게 해주고자 하는데 여념이 없는 마음으로 수행하기 때문에 그 공덕과 지혜는 더 없이 훌륭하여서 그 누구도 존경해 마지 않느니라.

그리고 그들은 탐욕과 성냄, 어리석음의 번뇌독을 철저히 없애고 모든 신통을 자유롭게 쓰면서 원인의 힘과 반연의 힘, 그리고 의지의 힘에 이어 원력의 힘·방편의 힘과 영원한 힘·선의 힘, 그리고 선정의 힘·지혜의 힘·많이 배운 힘과 더불어 보시·지계·인욕·정진·선정·지혜의 힘과 바르게 생각하고 고요하게 수행하는 힘과 육신통(六神通)과 삼명(三明)의 힘과 모든 중생을 여법히 다스려 조복받는 힘 등 이루 헤아릴 수 없는 일체의 힘을 완벽하게 구비하고 있느니라.

그들은 금빛이 나는 육신과 서른두 가지 대인의 특이한 모습과 수많은 공덕과 중생을 제도하는 언변술이 원만하게 갖추어져 있기 때문에 그 어느 누구도 감히 상대하거나 견줄 수 없는 위덕과 신통력을 가지고 있느니라.

그들은 언제나 한량없는 모든 부처님을 찾아다니고 공경하며 공양하기 때문에 모든 부처님들 또한 항상 입을 모아 그들의 덕행을 끊임없이 칭찬해 주고 계시느니라.

그리고 그 보살들은 보살이 꼭 행하여야 하는 여섯 가지 바라밀을 끝까지 수행하고 공(空)과 무상(無相)·무원(無願)의 삼매와 불생불멸의 모든 삼매를 증득하고 있기 때문에 성문이나 연각 등이 갖고 있는 공덕과는 비교가 되지 않을 정도로 매우 거룩한 위치에 올라가 있느니라."

고 하셨습니다.

그리고는 또 제 이름을 부르시면서,

"아난이여, 저 극락국토에 살고 있는 모든 보살들은 모두 그와 같은 한량없는 공덕을 갖추고 있느니라. 내가 지금 너희들을 위하여 그들이 갖고 있는 큰 위신력과 큰 공덕만을 대강 간추려 말했을 뿐이지만 만약 세부적으로 자세히 다 말한다면 백천만 겁의 세월 동안 계속해도 능히 다 말할 수 없을 정도로 굉장히 많고도 많으니라."

고 말씀하셨습니다.

그리고는 또 미륵보살과 모든 하늘사람 그리고 지상사람들에게 말씀하시기를,

"무량수 부처님께서 지도하시는 성문들과 보살들의 공덕과 지혜는 가히 말로써 다 표현할 수 없을 정도로 정말 대단하느니라. 또 저 극락세계가 지극히 미묘하고 아름답고 안락하고 청정하다는 것은 지금까지 계속 말하여 온 것과 같으니라.

그런데도 어찌하여 중생들은 힘써 선업을 닦고 아미타 부처님께 나아가는 그 영원의 길을 생각하지 않는건가.

그 부처님은 지위가 높고 낮고 가난하고 부자고 할 것 없이 차별을 가리지 않고 나타나 그들에게 진리를 일깨워주고 끝없는 공덕과 가없는 지혜를 분명하게 얻도록 해주시는데 말이다.

그러므로 중생들은 마땅히 각자 부지런히 정진하고 노력해서 자신을 위해 그 세계로 나아가는 길을 찾아야 할 것이니라. 그러면 틀림없이 고통의 세계를 뛰어넘어 안락국인 극락세계에 분명 왕생하게 될 것이니라.

일단 극락세계에 태어나기만 하면 육도에 윤회하는 죄업의 사슬이 끊어져서 악의 세계로 나아가는 고통의 문이 완전히 폐쇄되어 버리고 끝없는 안락을 향유하는 열반의 세계에 가뿐히 오르게 될 수 있느니라.

그렇게 멋진 세계에 그 누구든 제대로 가는 길만 알면 정말 쉽게 왕생할 수 있는데도 가고자 하는 사람이 없으니 기가 막힐 일이 아닌가.

앞에서 말한 다섯 가지 극악무도한 죄인과 정법을 비방한 중생들

을 제외하고는 그 누구도 지극한 마음으로 그곳에 태어나기를 원하기만 한다면 아미타불의 위신력과 본원력에 의해 그대로 끌리어 왕생할 수 있을텐데, 너무 안타까운 일이 아닐 수 없느니라.

어찌해서 중생들은 허망하기 이를 데 없는 세상사를 과감하게 버리지 못하고 부지런히 그 길을 찾고자 공덕을 닦으려고 노력하지 않는가. 그곳에만 태어나면 영생을 얻고 끝없이 즐거움을 누리면서 영원히 안락하게 살아갈 수 있을텐데 말이다.

그러나 세상사람들의 마음은 얕을 대로 얕아져 있고 생각은 저속할 대로 저속해져 있다 보니 모이기만 하면 늘 투쟁과 싸움만을 일으키는 데 정신이 다 빠져 있다. 진정으로 급한 일은 바로 살아 생전에 극락세계에 태어나도록 그 길을 닦아놓는 것이 가장 다급하고 시급한 일인데도 그들은 허망한 세상일에 언제나 바쁘다는 핑계만을 일삼으며 의미없이 한평생을 모두 다 소비해 버리고 있다.

이 사바세계의 삶이라는 것은 고생스럽고 사악하여 괴로움이 끊이지 않고 연속되어지기 때문에 한평생을 부지런히 노력하고 수많은 고생을 하여도 먹고 살기가 매양 급급한 곳이다. 그러다 보니 귀하거나 천하거나 가난하거나 부자거나 어른 아이 남자건 여자건 할 것 없이 모두 다 돈과 재물만을 가지려고 끝없이 발버둥치고 있다.

재물이 있고 없고 할 것 없이 모두다 한결같이 다른 사람들보다 더 많이 가지려고 언제나 골몰하게 계산하다 보니 걱정과 두려움으로 인해 근심과 고뇌가 끊이질 않는다. 날만 밝으면 그런 생각으로 동서남북을 바쁘게 뛰어다니며 고군분투하지마는 중생살이라는 것이 그렇게 쉽게 근심이 없어지게끔, 자기가 원하는 만큼 그대로 충족되어지는 일이 없는 것이니 결코 하루도 편안한 날이 없는 것이다.

　그래서 자식이 있으면 자식이 있어서 걱정, 논밭이 있으면 논밭 때문에 걱정, 집이 있으면 집 때문에 속이 상하고, 소나 말 등 가축과 하인에 이어 돈과 재물이 있으면 그런 것들 때문에 또 신경이 쓰이고, 의복과 음식에 이어 세간살이와 가구, 그리고 집기들 때문에 머리가 아프도록 고민하다 보니 정말 한시도 마음이 편할 날이 없다.

　수많은 잡생각들로 하루하루를 살아가다보니 온갖 시름과 걱정, 그리고 내일에 대한 두려움 때문에 우선 재물부터 많이 끌어 모아 놓고 보자는 불안심리로 인과를 거스르고 인륜을 저버리는 일을 어쩔 수 없이 감행해 가면서 고된 인생을 어떻게든 지탱하려 하고 있다.

　그렇게 힘들게 벌어 모은 재산이 홍수가 나서 떠내려 가고 불이 나서 잿더미가 되고 도적이 들어와 강탈해가고, 또 빚쟁이들이 들이닥쳐 재산을 압수해가 버리면 모든 것이 흩어지고 없어져서 결국 괴로움에 못이겨 분을 삭이지 못하다가 드디어 몸져 눕게 되고 말지만 그 괴로움은 결코 시원하게 해결되어지는 문제는 아니다.

　그런 분한 마음이 점점 더 깊어져 마음속에 응어리가 맺히게 되면 슬픔과 괴로움으로부터 헤어날 길이 없게 된다. 그렇게도 당당하던 굳은 의지와 굳센 마음이 이제 될대로 되라는 식으로 자포자기하게 되어 마지막에는 끝없이 방탕한 생활로 접어들어 버리게 된다.

　그러다가 결국 그 마음이 멍들고 몸이 허물어져 목숨이 다하게 되면 모든 것을 두고 홀로 떠나야 하는 데, 그 때가 되면 누구 하나 그를 따라나서는 사람이 없는 것이니, 그것은 존귀한 사람이거나 부자이거나 관계없이 모두 다 많고도 많은 이와 같은 괴로움을 공통적으로 갖고서 힘들게 살아가고 있는 것이 이 사바세계의 인생인 것이다. 그런 온갖 슬픔들을 가슴에 안고 춥고 더운 계절과 더불어 함께 살아가다가 결국에는 외로이 죽어가게 되는 것이다. 가난에 찌들린 사람이거나 근기가 나약한 사람들은 가난함으로 인해 항상 궁색한 삶을 살아간다.

 자식이 없으면 자식이 없어서 걱정하고, 논밭이 없으면 논밭이 없어서 속이 상하다 보니 논밭을 가지려고 애를 태우고, 집이 없으면 집이 있어야 되겠다고 안달하고, 소나 말 같은 가축과 이어 하인, 그리고 돈과 재물, 또 의복과 음식, 그리고 살림과 가재도구가 없으면 없어서 늘 번민하고 불안에 떨면서 살아간다.

 그래서 한 가지가 맘에 들면 다른 한 가지가 또 모자라고, 이것이 있으면 저것이 또 없고 하다보니 늘 모든 것이 가지런하게 있어 주었으면 좋겠다고 기원한다. 가령 욕심에 맞게 다 충족되었다 하더라도 자고 일어나면 언제 그랬느냐는 듯 바로 흩어지고 또 없어져 버리게 되어 다시 그것을 찾아 바쁘게 바둥거리면서 아까운 인생을 모두 다 허비해 가고 있다.

 그래도 잃어버린 것들을 다시 가지지 못하게 되면 그 아까운 재산들이 눈앞에 아른거려 쉽게 잠도 이루지 못하고 입안이 까칠해져 밥도 제대로 먹지 못하면서 하염없이 애간장만 안타깝게 태우게 된다.

 그러면 몸과 마음이 함께 극도로 지치고 피곤하여 앉으나 서나 마음이 늘 안절부절하는 상태에 이르게 된다. 그리하여 매양 고뇌와 괴로움으로 가슴을 태우다 보니 춥고 더운 계절이 수없이 흘러가도 그 괴로움은 세월과 함께 늘 공존해 가면서 결코 잊혀지지 않게 된다.

불설무량수경

다시 잃어버린 것들을 찾아야 되겠다는 일념으로 골똘히 계획을 세우고 손익을 계산하다가도 그것이 생각대로 여의치 않으면 이제 최후로 범법의 행위를 하게 되고, 그 과보로 결국에는 일생을 요절로 끝내는 비극을 맞기도 한다. 그렇게 되면 평소에 즐거운 마음으로 선업을 짓거나 도를 닦거나 공덕을 쌓아두지 아니하였기 때문에 일단 죽음을 맞이하면 혼자 멀고 먼 윤회의 저승길을 당연히 외롭게 갈 수밖에 없다.

중생이 죽어 죄업으로 나아가는 세계는 두 가지가 있다. 선업으로 태어나는 곳은 천상과 아수라와 인간들의 세계이며, 또 악업으로 태어나는 곳은 지옥과 아귀 그리고 축생의 세계인데, 중생들은 어느 누구도 그들이 죽어서 과연 어떤 세계로 가 태어날지 아무도 미처 모를 뿐만 아니라 아예 그 과보에 대해 생각조차 하고 있지 않다.

세상을 살아가는 모든 인간들은 부모형제나 부부나 가실이나 아버지쪽의 친척이나 어머니쪽의 친척 할 것 없이 꼭 서로 공경하고 사랑하여 미워하거나 시샘하지 말아야 한다. 권력과 금력이 있거나 없거나 가리지 말고 서로 늘 왕래하면서 돈독하게 우의를 가지도록 노력해야 한다.

서로간에 절대로 탐욕이나 인색한 마음을 가지지 말고 항상 부드러운 언어와 온화한 얼굴로 서로를 기쁘게 맞이하되 서로 다투거나 신의를 저버려 갈등을 유발하는 일을 결코 만들어서는 아니 된다.

혹 어쩌다가 그 갈등으로 싸우게 되면 분노를 일으키게 되는데, 그것이 비록 금생에는 아주 미미한 설움의 양상으로 나타나는 조그마한 싸움거리에 머문다 하더라도 그것이 계속 쌓이게 되면 세월이 갈

수록 점점 더 크게 불어나 언젠가는 큰 원수가 되어 나타나게 된다.

왜냐하면 이 중생세상에 살아간다는 것은 전생의 업연에 의해 더불어 태어나 서로 번갈아가며 괴롭히고 상해를 입히게 되어 있지만 아직 그 한(恨)의 업이 익기 전에는 서로간에 큰 충돌이 일어나도 당장 파멸되지는 않는다.

그러나 독을 품고 분노가 쌓여가면 그것이 지울 수 없는 원한으로 가슴에 맺혀지게 되고 그 한이 계속 쌓이면 결국에는 깊은 원한으로 심중에 각인되어져 결국에는 피할 수 없는 원수관계로 서로 만나 이제 걷잡을 수 없이 번갈아가며 복수하고 앙갚음하게 되고 마는 것이다.

인간은 애욕과 탐욕으로 이 세상을 살아가고 있다. 숙세로부터 늘 그것들을 가지기 위해 수많은 생을 소비해 왔지만 아직까지 아무것도 확실히 가지지 못한 채 홀로 태어났다가 홀로 죽으며 홀로 갔다가 홀로 또 다시 돌아오고 있다.

이제 금생에 또 자기가 지은 그 업보대로 죽으면 또다시 고통스런 세계와 즐거운 세계로 누구나 할 것 없이 윤회해야 하는 것은 지극히 당연한 인과이기 때문에 그 과보는 자신이 직접 그것을 감당해 받아야지 그 누구도 대신 갚아줄 수가 없다.

그래서 선한 업을 행한 사람은 행복한 세계에 태어나고 악한 업을 지은 사람은 다음 생애에 재앙이 많은 세상으로 각기 태어날 곳이 분명 다르게 결정지어지게 된다. 그것은 자기가 지은 업에 따라 태어날 세계가 엄연히 기다리고 있기 때문에 마땅히 혼자서 어김없이 정해진 그 처소로 나아갈 수밖에 없는 일이다.

그래서 멀리 떨어진 다른 세계에 가 태어나게 되면 이승에서 아무리 친밀한 사이라 할지라도 결코 서로 만나볼 수 있는 기약이 없게 된다.

이와 같이 금생에 지은 선악의 행위와 내세에서 받게 되는 고락의 과보는 틀림없는 불변의 진리이기 때문에 각자 자기가 행한 바 소행에 따라 그대로 분명 태어나게 되는 것이다.

그리하여 가는 길은 멀고도 아득해 서로 오랜 이별을 하지 않을 수 없으며, 또한 가는 길이 다르기 때문에 다시 만난다는 것은 정말 어렵고 어려운 일이 되었는데도 금생에 천만다행하게도 서로 친족으로 만나는 인연을 가졌으니 반드시 서로 공경하고 서로 사랑해서 질투와 다툼이 없어야 마땅한 것이다.

그런 선업으로 같이 더불어 살면서 서로 격려하고 서로 도와가며 아미타 부처님의 극락세계에 왕생하도록 함께 힘써야 할 것인데도 그들은 언제나 바쁘다고 하며 세상일에만 전념하고 거기에만 몰두해 있으니 가련하기가 짝이 없는 것이다.

인간들은 정말 어찌해서 잡다한 그런 세상 일들을 쉽게 버리지 못하는가. 각자 강인한 육체가 있을 때에 부지런히 노력해서 선업을 닦고 열심히 정진하여 이 윤회의 세계를 벗어나도록 발원해야 할 것인데 말이다.

그렇게만 한다면 결국 끝없는 영생을 얻게 될 터인데, 어찌해서 그 길을 구하지 않으려 한다는 말인가. 곧 죽음이 다가오는데 편안한 마음으로 또 무엇을 기다린단 말인가. 또 어떤 것에 더 욕심을 두고, 또 어떤 것에 더 즐거움을 둔다는 말인가.

정말 세상을 살아가는 사람들은 선업을 지으면 복덕을 받고 도를 닦으면 도를 깨닫는다는 것을 믿지 않는다. 그리고 사람이 죽으면 다시 또 태어나고 남에게 은혜를 베풀면 복이 되어 돌아온다는 것도 믿지 않는다.

선악의 결과에 대해 그들은 도무지 그 인과를 믿으려 하지 않고 오히려 절대 그렇지 않다고 한사코 부정하기만 한다. 모든 것을 다 알고 있는 듯하지만 따지고 보면 사실 옳은 것이 하나도 없는데도 구차스럽게 자기의 고집을 꺾지 않기 위해 모두 다 얼굴을 붉히면서 서로 번갈아가며 눈을 부라리고 있다. 그런 고집스런 그릇된 생각들이 아래로 이어져 내려오다 보니 선배나 후배나 늙은이나 젊은이나 모두가 이제 마찬가지가 되어 있다.

먼저 이 세상을 살다간 선조들과 조상, 그 뒤를 이어 아버지나 여타의 스승들도 아예 인과의 철칙과 공덕의 행을 근원적으로 알지 못하고 모두 다 죽어갔고 그 뒤를 이어 후손들이 태어나도 선업을 닦을 생각조차 하지 못하고 항상 어리석은 행동과 흐릿한 정신으로 탐욕만을 일삼으니 그 마음은 경색될 대로 경색되어 있고 생각은 폐쇄될 대로 폐쇄되어 있다.

그래서 생사에 윤회하는 이치와 선악으로 인한 과보를 스스로 능히 알지 못하고 그런 진리를 확실하게 가르쳐 주는 스승도 없다 보니 오직 좋고 즐거운 것은 남보다 우선 가지려고 안달하고, 흉하고 나쁜 것들은 자기에게 돌아올까 황급히 피해나가려 하는 처지에 당면한 서글픈 인생인데도 또 다시 그런 인과를 경쟁하듯이 계속 지어가고 있다는 것에 대해서는 전혀 부끄러움을 느끼지 못하고 있다.

죄업으로 인해 나고 죽는 생사의 법칙은 언제나 변함없는 당연한 이치이기 때문에 죄업을 짓고 있는 중생이 있는 한 그것은 결코 끊어지지 않고 영원히 계속되어 윤회한다.

부모는 자식을 잃고 슬퍼하며 자식은 부모를 잃고 통곡한다. 형제나 부부간에도 어느 한쪽이 먼저 세상을 떠나면 서로 번갈아가며 뜨거운 눈물을 흘리고 절절히 애통해 한다.

죽음은 위와 아래의 순서를 바꾸어가며 늙고 젊음에 관계없이 졸지에 이루어진다. 이 사바세계에 존재하는 것은 그 무엇도 분명 예외없이 모두 다 흘러 지나가는 것, 그 어떤 것도 영원히 그대로 보전되는 것은 없다. 그러므로 인생은 무상한 것이라고 늘 가르치고 깨우쳐 주지만 그것을 진실로 믿고 따르는 자들은 매우 적은 현실에 그치고 있다.

그러다 보니 생사에 떠돌면서 윤회하는 것이 결코 그쳐지지 않는다. 이와 같이 윤회하는 사람들은 그 본성이 매우 흐리고 어두울 뿐만 아니라 그 성격이 대단히 당돌하고 충돌적이어서 다음 생애에 대한 염려 같은 것들은 전혀 가지지 않아 경전의 말씀을 한사코 믿으려 하지 않는다.

이런 사람들은 애욕과 탐욕의 그물에 깊이 갇히어 오직 현생에서 욕심과 쾌락만을 즐기고자 혈안이 되어 있기 때문에 언제나 짜증을 내고 신경질을 부리면서 인륜의 도리를 무시하고 재물과 여색을 탐하는 데만 정신을 뺏기고 사는 것이 흡사 굶주린 늑대가 먹이를 찾아 으르렁거리는 것처럼 무섭기가 한이 없다.

그들은 늘 이런 것들만을 구하려고 노심초사하기 때문에 생사를 벗어나는 길을 찾고자 하는 정신적인 여유를 가지지 못하고 있다.

그래서 죽으면 다시 또 지옥이나 아귀·축생의 괴로움을 반드시 받게 되어 나고 죽는 윤회의 고리가 끝없이 이어질 수밖에 없게 되는 것이다.

슬픈 일이다. 참으로 매우 슬픈 일이어서 가슴이 아픈 일이다. 그러다가 집안 식구들 중에서 혹 부모나 자식이나 형제들 중 누가 먼저 일생을 마치게 되면 땅을 치고 슬피 울며 더없이 애석해하고 비통함에 빠져 어찌할 바를 모르게 된다.

떠나간 사람이 남기고 간 은혜와 사랑, 그리고 잔영의 그리움들이 이제 남은 사람의 가슴에 깊이 파고들어 응어리가 맺히다 보니 날이 가고 해가 가도 그 슬픔이 가시지 않아 항상 그 사람을 되돌아보고 그 정이 그리워져 결코 그 정으로부터 벗어날 수가 없게 된다.

보다 못해 세상의 덧없음을 가르쳐 주면서 남아 있는 사람이라도 그 무상의 이치를 깊이 실감하고 이제부터 공덕을 닦아야 되지 않겠느냐고 달래어도 보지만 한번 닫히어진 그 슬픈 마음은 좀체로 밝게 열리지 않는다.

날이면 날마다 먼저 간 그 사람의 은혜와 인간됨이 줄기차게 생각이 나 그 연정의 미련 속에서 헤매다 보니 그 마음이 한없이 답답해지고 혼미해져 마치 실성한 사람처럼 울고 웃고 정신나간 사람처럼 이상한 행동을 하여 결국에는 사람을 수시로 놀라게 만들기도 한다.

그러므로 합리적인 사고와 사려 깊은 언행으로 세상의 잡다한 일을 과감하게 끊지도 못하고 스스로 마음을 굳게 먹고 오로지 맑은 정신으로 영원의 삶을 살 수 있는 길을 능히 찾으려 하는 마음도 가지지 못한 상태로 한세상 하루하루 그냥 의미없이 허둥대며 시간만 보내다가 수명이 다해 죽게 되면 이제 금생에는 도를 닦을 수 있는 기회가 영원히 사라져 버리게 되고마니 정말 그 때는 가히 어찌 할 도리가 없게 되는 것이다.

그래서 세상은 온통 뒤죽박죽으로 혼란하게 돌아가고 인간들은 모두 다 애욕과 탐욕으로 심란하게 살아가다 보니 천륜을 어기고 살아가는 자들은 우글거리고 도에 순응하면서 진리를 찾으며 살아가는 자들은 지극히 드문 현실이 되어 있다.

정말 세상일이란 부질없이 바쁘게 살아도 그 소득은 결국엔 아무 것도 없는 것이기에 무엇 하나 마음놓고 의지할 만한 것이 없는데도 말이다.

사실 인간들은 빈부귀천을 가리지 않고 귀하거나 천하거나 어른이나 아이나 할 것 없이 모두 다 의미없는 한 평생을 호의호식으로 영위하기 위해 정신없이 동분서주하면서 가슴에는 상대방을 어떻게든 눌러 꺾으려 하는 독살을 서로 무섭게 깊이 품고 있다. 그런 사악한 기운이 기회를 엿보다가 일단 그 순간이 다가오면 인과의 도리를 벗어난 무서운 일도 거침없이 저지르게 된다.

그 일이라는 것은 천지의 바른 도리를 거스르고 인륜에 순종하는 참다운 도리를 따르지 않는 것을 말하는데, 그로 인해 그에 상당한 악업들이 자연 쌓이고 거듭되어 이런 악세의 사바세계를 만들어 놓고 있는 것이다.

그로 인해 이제 이 세상에 태어나는 인간들은 선조의 그릇된 행을 따르고 그것을 그 후대에게 또 그대로 인식시키면서 그들처럼 키우다 보니, 후대들은 보고 배운 것이 그런 사악한 일들뿐이므로 이제 더 큰 죄악을 저질러도 양심의 가책을 느끼거나 뉘우치는 일이 전혀 없게 되어 버리는 것이다.

그러다가 그 죄악이 급속도로 빨리 익어 버리게 되면 자기 수명도 다 누리지 못한 상태에서 졸지에 요절을 당하여 바로 지옥에 떨어지게 된다. 그곳에서 수많은 세월 동안 고통스럽고 괴로운 세월을 보내면서 그 죄를 대충 갚아 나가다가 그 죄업이 조금씩 얕아지게 되면 점점 인간에게 가까운 아귀와 축생의 형태로 태어나 또 수천억 겁 동안 나머지 죄업을 모두 다 그곳에서 점차적으로 탕감해야 하는 것이다.

그런 참담한 괴로움의 세계를 언제 벗어나게 될는지 정녕 기약이 없으니 그 고통은 정말 말로써는 다 설명하지 못하겠느니라. 그저 심히 가슴이 아프고 불쌍하기 짝이 없을 뿐이니라."
고 하셨습니다.

부처님께서는 다시 미륵 보살과 모든 대중들에게,

"내가 지금까지 너희들에게 사바세계의 인간들이 어지럽게 살아가는 양상을 말해 왔느니라. 인간들은 그렇게 정신없이 살아가고 있기 때문에 결코 극락세계로 나아가는 길을 닦지 못하고 있느니라.

그러니 너희들은 마땅히 이 문제에 대하여 깊이 생각하고 잘 살펴서 모든 악업을 멀리 여의고 옳고 착한 일을 잘 가려서 그곳으로 왕생하는 길에 대해 노력을 아끼지 말아야 할 것이니라. 인간들이 끝없이 추구하는 애욕과 영화는 사실 빛깔 좋은 무지개와 같아서 오래 존재하지 못하고 인연이 다하면 일순간에 모두 떠나버리기 때문에 가히 그것들을 그렇게 깊이 좋아할 것도 못 되느니라.

그러므로 누구든지 불법을 만나게 되면 반드시 부지런히 정진하고 지극한 마음으로 극락세계에 가 왕생하도록 발원해야만 할 것이니, 그곳에만 태어나면 지혜가 밝게 통달하고 그 공덕 또한 말할 수 없이 수승하게 되기 때문이니라.

그렇게 하려면 마음을 세속의 욕망에 두지 말고 경전의 말씀을 거역하지도 말며 선행을 닦는데 있어서는 남의 뒤에서 머뭇거리거나 주저하지도 말아야 할 것이니라.

이런 문제에 대하여 혹 의문이 있거나, 내가 한 말에 대하여 아직도 이해가 가지 않은 사람은 지금 나에게 구체적으로 질문을 하도록 하여라. 내 너희들을 위하여 반드시 자세하게 더 설명해 줄 것이니라.”

고 말씀하셨습니다.

그 때 미륵보살이 허리를 세운 자세로 무릎을 꿇고 공손히 부처님께 말씀드리기를,

"부처님이시여, 당신이 갖고 계시는 위신력은 정말 대단하시옵니다. 그리고 말씀하신 법문 또한 너무도 시원해 참으로 멋지시옵니다. 부처님의 말씀을 듣고 깊이 생각해 보면 사실 인생이라는 것은 부처님께서 이제까지 세밀하게 지적하신 바와 같이 허망하기 짝이 없는 가엾은 존재들이옵니다.

다행히 이제 부처님께서 자비하신 마음으로 중생들을 불쌍히 여기시어 극락세계로 나아가는 큰 길을 훤하게 밝혀 주시니 이제야 저희들의 귀와 눈이 밝게 열리어 생사의 암흑을 헤치고 영원한 안락의 세계로 나아가게 되었습니다. 그런 당신의 거룩하신 설법을 듣게 되

었으니 어찌 기뻐하지 않을 수 있겠습니까.

그리고 모든 하늘사람들과 지상사람들에 이어 미물곤충들에 이르기까지 부처님의 자비하신 설법의 은혜를 입어 모두 다 근심과 괴로움에서 벗어날 수가 있게 되었습니다. 참으로 부처님의 가르치심은 한없이 깊고 위없이 높으시어 그 누구도 대적할 자가 없으시옵니다.

투철한 지혜로 시방 허공계의 일체 중생들이 가고 오고 무엇을 어떻게 하고 있는지 모두 다 밝게 보시고 계시는 데 있어서 조금도 막힘이 없으십니다.

이제 저희들 대중들이 부처님의 제도를 받게 된 것은 모두 다 당신께서 과거 전생에 진리를 깨닫고자 수행하실 때에 중생들을 위하여서는 언제나 자비를 내려주시고 당신 자신에게는 더없이 험난한 고행을 몸소 실천하신 그 은덕이라고 생각하옵니다. 그 은혜는 천지를 뒤덮고도 남음이 있고 그 복덕은 태산보다도 더 높아 우뚝하기만 하옵니다.

당신의 광명은 온 우주계를 두루 비추시어 일체 만법이 모두 다 텅 비어 공(空)해 있다는 사실을 중생들에게 일깨워주고 그들로 하여금 모두 다 열반에 들어가게끔 그 길을 훤히 밝혀주시고 계시옵니다.

어떤 때는 설법으로 중생을 가르치시고, 또 어떤 때는 위엄으로 중생들의 망집을 깨뜨리시는 그 교화력 때문에 전 허공계에 끝없이 산재해 있는 한량없는 일체 대중들이 모두 다 깊은 감동에 젖어 있습니다.

부처님 당신이야말로 정말 진리의 왕이시옵니다. 당신이야말로 수많은 성자들의 추종을 불허하는 성인 중의 성인이시옵니다. 당신이

야말로 하늘과 인간에 이어 일체 중생들의 영원한 대스승이되어 그들이 원하는 바를 모두 다 충족시켜 주고, 또 그들을 고통으로부터 해방시켜 주시옵니다. 이제 저희들은 그러한 부처님을 이렇게 만나뵙는 행운을 얻었고, 또 무량수 부처님이 계시는 극락세계의 존재까지도 자세하게 얻어듣게 되었으니 기쁘기가 이루 말할 수 없사옵니다. 저희들은 참으로 부처님 때문에 닫혀 있던 마음이 열리고 덮여 있던 눈이 뜨이어 큰 광명을 얻게 되었습니다."
라고 격찬하였습니다.

그러자 부처님께서 미륵 보살에게,

"그대가 말한 것은 모두가 옳으니라. 누구든지 나를 아버지처럼 공경하는 자가 있다면 엄청난 복을 받게 될 것이니라. 이 시방 천하에는 수많은 부처님들이 과거로부터 오고 가셨지만 박복한 중생들은 그분들을 만나뵐 수 있는 기회를 갖지 못하였느니라.

그러나 이제 내가 너무나 오랜 세월이 지난 지금 희유하게도 삼계의 중생세계를 걸림없이 자유롭게 왕래하다가 또 한 부처로 이 사바세계에 혜성처럼 나타났느니라.

그래서 중생들의 미혹된 마음을 깨달음의 법으로 열어주고 그들이 묶여 있는 온갖 의혹의 그물을 지혜로 끊어주어서 생사를 윤회케 하는 애욕의 뿌리를 뽑아내어 모든 죄악의 근원을 미리 막아 주고자 이렇게 진리를 연창해 그 방법을 선포하고 있는 것이니라.

내가 하는 말은 모두 진리로써 지혜에 의한 설법을 하고 있기 때문에 수많은 도(道) 가운데서 가장 핵심적인 요지가 되는 것이니라. 그것은 일체 모든 가르침의 정수가 되고 요체가 되어 모든 중생의 심원을 분명하고 확실하게 보여주는 잣대가 되기 때문에 내 말을 기준으로 해 도를 깨닫는 자와 못 깨닫는 자가 생길 것이고, 생사를 계속하는 자와 열반에 들어가는 자가 분명 결정지어지게 될 것이니라."

고 하셨습니다.

그러시면서 또 미륵 보살에게,

"미륵이여. 분명히 알아야 할 것이니라. 그대는 헤아릴 수 없는 오랜 과거로부터 보살행을 닦아 중생을 제도하려고 서원을 세우고 그 원을 성취하고자 부지런히 노력해 온 지가 정말 너무 너무 오래 되었느니라. 그 수많은 세월 동안 그대의 가르침에 의해 열반에 들어간 중생들은 숫자를 헤아릴 수 없을 정도로 사실 많고 또 많으니라.

그대와 함께 모든 하늘사람들과 지상 인간들, 그리고 남자스님 여자스님에 이어 남자신자 여자신자 등 수많은 중생들이 영겁에 걸쳐 지옥·아귀·축생·인간·수라·천상의 세계에 윤회하면서 말할 수 없는 근심과 두려움, 그리고 괴로움에 이어 고통스러움을 당하여 왔느니라.

그런데도 아직까지 생사하는 죄업의 고리를 끊지 못해 윤회를 계속하고 있는 불쌍한 중생들 또한 헤아릴 수 없을 정도로 무수하게 많이 남아 있느니라.

그들이 이제 나 석가모니 부처를 만나 생사의 고통을 벗어나는 설법을 듣고, 또한 아미타 부처님인 무량수불에 대한 심대한 본원력과 크나큰 공덕을 듣게 되었으니 정말 통쾌한 일이고 정말 다행한 일이 아닐 수 없느니라.

나는 진실로 이제 그대를 도와 중생들을 더없이 기쁘게 해 주어 그들에게 크나큰 이익을 주고자 하느니라.

중생들은 이제부터라도 생로병사하는 고통에 대하여 절실히 싫어하는 마음을 일으켜야 할 것이니라. 이 세상은 죄악이 넘치고 부정이 만연하여 결코 즐거움이 없는 곳이라는 것을 명심하고 마땅히 스스로 용단을 내려 몸을 단정히 하고 마음을 올바르게 하여 부지런히 많은 선업을 지어나가야 할 것이니라.

몸을 닦아 청정하게 하고 마음을 닦아 모든 번뇌를 없애고 신의 있는 언어와 절도 있는 행동으로 겉과 속이 일치하도록 노력해야 할 것이니라. 그래서 먼저 자기를 제도하고 그 힘으로 타인을 구제하면서 맑은 정신으로 극락세계에 태어나기를 간절히 염원함과 동시에 끝없이 선업을 계속 지어나가야 할 것이니라.

비록 그렇게 하자면 괴롭고 고통스런 나날이 될 수도 있겠지만 큰 세월에 대비해 보면 그것은 정말 잠시의 시간에 그칠 뿐이고, 그 대가로 아미타불이 계시는 극락세계에 가 태어나게 되면 너무나 기뻐서 정말 잘한 결단이었구나 하고 크게 감동할 것이니라.

일단 그 세계에 태어나면 지혜는 더 없이 밝아지고 공덕은 더 많이 쌓여서 영원히 나고 죽는 죄업의 근본을 뽑아버리게 되므로 두번 다시 탐욕과 성냄, 그리고 어리석음으로 인한 고통과 괴로움의 고난은 없어지게 되는 것이니라.

아침이슬같이 실체가 없어 늘 불완전한 인간의 한평생을 투자하여 일 겁 백 겁 천억만 겁이라도 자기가 원하는 수명만큼 모두 다 살 수 있으며, 상대적으로 조작된 행복이 아닌 그대로의 행복이 넘쳐나는 열반의 세계와 거의 대등한 행복과 복락을 끝없이 누릴 수가 있으니, 너희들은 마땅히 각자 부지런히 정진하면서 마음 속으로 지극하게 극락세계에 왕생하고자 하는 서원을 발하도록 해야 할 것이니라.

혹 내 말을 의심하거나 도중에 후회하게 되면 그것이 스스로에게 엄청난 손해가 되어 똑같은 극락세계에 태어나더라도 변두리에 있는 칠보궁전에 가까스레 왕생하여 오백 년 동안이나 많은 애로를 겪게 될 것이니라."

고 하셨습니다.

그 말씀을 듣고 있던 미륵 보살이,

"부처님께서 이렇게 거듭 강조하시면서 훈시하시는 데는 다 그럴만한 이유가 분명 있다고 생각합니다. 어떻게 감히 의혹심을 가질 수 있겠습니까. 저희들은 부처님의 간곡한 가르치심을 따라 오로지 정성을 다하여 불도를 닦아 나가겠습니다. 추호도 의심하지 않겠습니다."

라고 말씀드리자,

부처님께서 다시 미륵 보살에게,

"미륵이여, 여기 있는 대중들이 세상을 살아가면서 몸과 마음을 바르게 하고 악한 일을 저지르지 않는다면 참으로 지극한 공덕이 될 것이니라. 그렇게만 한다면 그것은 시방세계에서 그 누구도 필적할 수 없을 정도로 최고로 훌륭한 사람이 될 것이니라. 왜냐하면 다른 모든 부처님 나라에 살고 있는 중생들은 언제나 선업만 짓고 있을 뿐, 결코 악한 행위를 하지 않기 때문에 그들을 교화시키기는 대단히 쉽기 때문이니라.

그러나 지금 내가 담당하고 있는 사바세계의 중생들은 그들과 전혀 다르느니라. 다섯 가지 악행(五惡)과 다섯 가지 고통(五痛)에 이어 다섯 가지 불길(五燒) 속에서 늘 우왕좌왕하며 항상 불안정한 삶을 살아가면서 극심한 고통을 받고 있느니라.

이 살벌한 중생세상에 나 혼자 이제 부처가 되어 다섯 가지 악행과 고통, 그리고 그 불길을 피하는 방법을 가르치고, 도리어 그 마음을 변화시켜 다섯 가지 선업을 닦도록 권장해서 열반의 세계와 버금가는 복덕과 수명을 얻도록 하게 하는 그 일이 얼마나 힘들고 어려운 일이겠는가."

라고 말씀하시면서 다시,

"그렇다면 어떤 것이 다섯 가지 악행이며 어떤 것이 다섯 가지 고통이며 어떤 것이 다섯 가지 불길이라고 하며, 또 어떻게 해야 모든 고통의 원천이라 할 수 있는 다섯 가지 악행을 완전히 불살라 없애 버리고 도리어 다섯 가지 선행을 지어 결국 열반의 세계와도 같은 복덕과 장수를 획득할 수 있게 되는지 그것을 이제부터 세밀히 설명해 줄 것이니라.

다섯 가지 악행 가운데서 그 첫 번째 악행에 대하여 말하리라. 모든 하늘사람들과 지상 인간, 그리고 미물 곤충에 이르기까지 모두 다 예외없이 전부 악한 행동을 하려고 한다. 인간만 하더라도 강한 자는 약한 자를 억누르려고 한다. 다른 중생들은 서로 싸우고 할퀴며 상처를 입히고 잔인하게 죽이기도 한다. 또 힘이 없는 자는 잡혀 먹히고 힘이 있는 자는 잡아 먹는다.

그들은 무엇이 선(善)인지도 모르고 극악무도한 살상극을 벌인 죄가로 다음 생애에 그 악행에 준하는 조건에 태어나 무서운 재앙과 형벌을 받게 된다. 그 행위는 핍박을 당한 자의 마음과 천지신명의 명부에 소상하게 각인되고 있으므로 결코 용서를 받을 수가 없다.

그 결과로 그들은 이제 가난에 찌들리는 거지신세를 면할 길이 없고 사람들에게 무수한 천대를 받는 고독한 처지를 피할 수가 없게 된다.

또 귀머거리나 눈봉사·벙어리·바보·불구자·정신병자·불치병 환자로 태어나기도 하고, 황폐한 성격과 포악한 성질의 소유자가 되기도 하며, 또 미치광이의 신분으로 태어나 수많은 고통과 괴로움으로 한 평생뿐만 아니라 수억 겁의 세월을 윤회하면서 그 죄과를 톡톡하게 받아야 할 것이다.

반대로 존귀한 집안이나 부유한 집안, 또 덕망이 있는 집안에 태어나 두뇌가 명석해 학문을 높이고 잘 생긴 모습으로 사람들에게 존경을 받는 자들은 모두 숙세 동안 가난한 중생들에게 자비를 베풀고 부모형제에게 효순하면서 부지런히 선을 닦고 덕을 쌓아놓은 자들이다.

인간에게는 인간이 지켜야 되는 평상의 법도가 있으며, 나라에는 그 국법에 따른 감옥이 있어서 죄를 겁내지 않고 법을 두려워하지 않으면 그 악행의 죄보로 감옥에 들어가 말할 수 없는 형벌의 고초를 받아야 하는 것은 지극히 당연한 일이다.

일단 죄가 인정되어 감옥에 갇히면 아무리 그곳이 싫어 벗어나고자 발버둥쳐도 풀리어나지 않는다. 이러한 일은 이 세상에서 그대들 눈앞에 직접 보여지는 엄연한 사실이 아닌가.

그러나 이승에서 다 받지 못한 죄는 저승에 가게 되면 더욱더 고통스럽고 더 심하게 받게 된다. 지옥에 들어가 수많은 생을 거듭하면서 받아야 되는 그 죄는 이 땅에서 국법에 의해 모진 형벌과 극형을 받는 것보다 더 극심하지만 절대로 피해 도망갈 수가 없게 되는 것이다.

그런 죄인들은 저절로 지옥·아귀·축생의 세계인 삼악도에 떨어져 한량없는 고통과 괴로움을 받고 또 몸을 바꾸어 가면서 사악한 세계에 다시 태어나 또 지극한 고뇌로 끝없는 고생을 해야 한다. 그것은 태어나는 처소에 따라 길고 짧은 수명을 달리하면서 끝없이 육도를 윤회하게 되지마는 그 죄업의 영혼은 결코 변하지 않아 어디에 태어나든 언제나 한결같이 따라다니기 때문이다.

그리고 혼자서 세상에 출생하는 것 같으나 전생에 원한이 서려 있는 원수들끼리 동시에 함께 태어나게 되어 서로 번갈아가며 보복하게 되는데, 그 악의 원한이 다할 때까지 그 재앙과 고통은 결코 끝나지 않게 된다.

그러다 보니 이제 서로 헤어지고 싶어도 헤어질 수도 없는 악연이 맺어져 만날 때마다 잡아먹을 듯이 서로 으르렁거리게 되는 것이니, 그 고통은 정말 이루 말할 수 없는 것이다.

천지간에는 이와 같은 인과응보가 원래부터 분명하게 있어서 비록 즉시에 그 선과 악의 과보가 드러나지 않는 상태라 하더라도 일단 그 인과가 익게 되면 서로 피할 수 없이 만나서 그에 상응하는 과보의 대가를 분명히 지불해야 하는 것이니라.

이것이 바로 하나의 큰 악행으로 나타난 현재의 첫 번째 고통이라

하며, 그 복수가 연속되기 때문에 후세에 다가오는 죄과를 첫 번째 불길이라고 하는 것이니, 그 괴로움과 고통은 현세에서 당하는 것보다 더 지독하고 더 끔찍하느니라. 그것은 마치 맹렬히 타오르는 불길로 자신의 몸을 태우는 것과 같기 때문에 그 고통을 불길에 비유한 것이니라.

그러나 그 중에서도 혹 어떤 사람이 이렇토록 험한 세상에 태어났더라도 일심으로 마음을 가다듬고 몸과 행동을 바르게 하면서 의롭게 온갖 선행을 닦고 모든 죄악을 범하지 않는다면 그는 전생에 지은 죄보의 고통으로부터 벗어날 뿐만 아니라 한량없는 복덕을 얻게 되어 결국 천상에 태어나게 되거나 열반의 세계에 이르게 될 것이니라. 이것이 바로 하나의 큰 선업이라고 하는 것이니라."
고 하셨습니다.

또 이어서 부처님께서는,

"이제 두 번째 죄악에 대하여 말하리라.

세상에 살고 있는 사람들, 즉 부모자식이나 형제자매에 이어 친척과 부부 사이를 보면 서로 의로움과 신의, 그리고 상하의 법도라는 것이 도무지 없고 도리어 사치와 음란, 그리고 교만에 이어 방종하기가 그지없는 세태가 되어 있다.

모두 다 제멋대로 책임없이 행동하며 각기 자기의 기분과 쾌락만을 추구하기 위해 번갈아가며 서로 속이고 서로 기만하고 있다. 엉큼한 마음을 갖고 있으면서도 말은 항상 번지르르하게 잘도 하여 그 말과 마음이 언제나 달라 서로간에 진실된 믿음이라고는 전혀 찾아볼 수 없다.

또한 임금과 신하 사이에서도 이러한 문제가 빈번하게 일어난다. 나라와 국민에 충성하지 않고 오로지 말재주만 있는 간사한 신하가 교묘한 언어로 임금에게 아부하여 정사를 잘 보살피는 어진 충신을 원수처럼 미워하고 시기해서 결국 그를 파직케 하고 감옥에 가두거나 죽이게 하는 일이다.
　임금도 밝은 안목이 없으면 아첨 잘하고 비위를 잘 맞추는 신하만 등용하게 된다. 그러면 그 신하는 마음대로 권력의 횡포를 부려 나라의 기강을 위태롭게 하고 백성을 도탄에 빠뜨리는 수많은 폐단을 일으킨다.
　때로는 능력있는 현명한 신하가 차례대로 진급해서 백성의 고초와 나라의 형세를 잘 헤아리고 자기의 분수를 지키며 부정한 일을 결코 저지르지 않는 청백리로 생활하는 이가 있다 하더라도 아첨을 좋아하는 군주의 미움을 받게 되는 경우가 흔하다. 그러면 임금은 사악한 무리들의 간교에 충성스런 신하만 잃게 될 뿐만 아니라 천지의 기운과 백성의 신임도 함께 당연히 잃고 마는 것이다.
　신하는 임금을 속이고 자식은 그 부모를 속이며, 형제나 부부는 말할 것도 없고 일가친척에 이어 가까운 친구들 사이에도 서로 속고 또 서로 속이게 되는 것이 일반화가 되어 있다. 그 이유는 자신만이 영화롭게 살기 위해 탐욕과 노여움과 사특한 마음을 각자마다 가슴 깊숙이 품고 모든 것을 자기 혼자 독차지하려는 욕심 때문에 그러한 것인데, 그것은 사실 많이 배운 자나 못 배운 자나 어른이나 아이나 할 것 없이 모두 다 한결같은 상태인 것이다.
　그런 결과로 결국에는 집안을 망치고 자신을 파멸시키며 나아가서는 일가친척까지도 그 죄를 같이 뒤집어쓰도록 만들어 온 집안을 쑥대밭으로 만들어 버리고 만다.

혹은 어떤 때에는 가족이나 친구들, 그리고 고향사람들에 이어 착한 사람들, 또는 어리석은 사람들이 함께 모여 일을 하게 되면 늘 이익은 자기쪽으로 돌아오게 하고 피해는 항상 다른 사람들에게 전가시키려고 온갖 교활한 술수를 다 부린다. 그러다 보니 같이 일만 하면 서로 미워하고 서로 불만을 가져 언제나 시끄럽게 다투어 조금도 평안한 날이 없다.

 부자들은 부자들대로 말할 수 없이 인색해서 남에게 베풀고자 하는 마음은 전혀 없고 오히려 자신의 재산만 안전하게 지키려고 하고, 거기다가 더욱 더 많은 재산을 끌어들이려 하는 탐욕심을 가지고 있다 보니 마음은 언제나 불안하고 육신은 늘 고단하여 외롭기가 그지 없다.

 세상 사람들은 어리석고 지혜가 없는 대신 질투심과 시기심만 가득하여 혹 착한 사람을 만나면 아무 이유없이 그 사람을 미워하고 비방하고자 한다. 그 사람의 착함을 배우려고 하거나 그 착한 행위를 도와주고자 하는 마음은 거의 갖지 않는다.

 그러나 악한 사람이 법을 어겨가며 사악한 행동을 하면 거기에 더 많은 관심을 기울이고 그것을 모방하고 흉내내어 많은 사람들을 괴롭히려고 한다. 그러므로 그들은 기회가 생기면 무엇이든지 남의 것에 대해 항상 도둑질하려는 마음을 품고 있다. 그리고 남의 재산과 이익에 대해서 늘 배 아파하는 못된 심보를 내면 깊숙이 간직하고 있다.

그러다가 자신에게 얼마간의 재산이 생기게 되면 쾌락을 좇는데 의미없이 모두 다 탕진해 버리고, 다시 또 그와 같은 놀음을 즐기기 위해 사악한 수단과 부정한 방법을 동원해 재산을 끌어모으려 하기 때문에 늘 남들의 눈치와 기분을 살피게 된다. 이런 사태는 자기들에게 재물이 있을 때 먼 후일을 대비하지 않고 절도없이 모두 다 소비해 버린 결과이기 때문에 이제 뒤늦게 그것을 후회해도 어떻게 할 방법이 없다.

그렇게 금생에 지은 죄가 만약 빨리 익게 되면 내생에 갈 것도 없이 나라의 법인 감옥에 들어가 그 죄목을 따라 그에 합당한 재앙과 형벌을 받아야 하는데, 그 연유는 전생에 사람의 도리와 공덕의 이익을 믿지 않고 선의 공덕을 미리 닦아 놓지 않았기 때문에 금생에 다시 태어나도 가난하게 살아갈 수밖에 없는 신세에다 또 다시 그런 죄를 지을 수밖에 없게 된 것이니 그 악순환은 끝이 나질 않게 된다.

이제 또 천지신명들이 그들의 이름을 명부에 다시 기록하고 그들에게 피해를 입은 사람들이 그 원한을 가슴 속에 새겨놓음으로 해서 목숨이 다하게 되면 죄업으로 찌들린 영혼은 사악한 세계로 떨어져 또 한없는 고통을 감내해야 하는 것이다.

그렇게 되면 자연히 지옥·아귀·축생의 과보를 받아 수많은 괴로움을 받게 되고, 그 세계를 두루 다니면서 몇천 겁을 거듭하여도 나올 기약이 없어 풀려날 길이 없으니 그 고통은 가히 말로써 어찌 다 표현할 수가 없느니라.

이것이 두 번째의 큰 악행이고 고통이며 불길인데, 그 불길은 전신을 태우는 고통과 같아 정말 그 괴로움은 지독할 대로 지독하여 말로써 다 하지 못할 정도이니라.

그러나 이렇게 혼탁한 세상에서도 일심으로 사악한 마음을 억제하고 몸가짐을 단정히 하여 힘써 온갖 선을 행하고 모든 악을 짓지 않으면 저절로 악한 세상을 벗어나 무량한 복덕을 얻어 천상의 세계에 태어나거나 열반의 세계에 이르게 되나니, 이것을 일러 두 번째의 큰 선행이라고 하느니라."
고 하셨습니다.

이어서 부처님께서 말씀하시기를,

"이제 세 번째 악행에 대해 말하겠느니라.

세상 사람들은 서로 의지하고 도우면서 이 천지간에 모여 한 중생 세계를 이루고 있느니라. 그러나 그들이 누리는 수명은 별로 길지 않은 짧은 목숨을 가지고 있느니라.

위로는 현명한 사람·덕이 있는 사람·존귀한 사람이나 부자가 있고, 아래로는 가난한 사람·미천한 사람·불구자나 어리석은 사람들이 모여 살고 있는데, 그 가운데 항상 사악한 마음을 품고 있는 선하지 못한 무리가 끼어 있느니라.

그들은 다만 음행하고자 하는 번뇌로 가슴이 답답하고 마음은 늘 애욕에 교란되어서 앉거나 서거나 항상 안절부절하는 심란한 마음으로 탐욕스럽고 인색하게 세상을 살아가고 있다.

아름다운 여인을 만나면 이상한 눈빛으로 훔쳐 보고 절도 없는 행동으로 외박을 즐기며, 자기 아내를 싫어하고 사사롭게 사귄 여인과 성관계를 가지면서 가정과 재산을 탕진해 인간으로서 지켜야 하는 법도를 어기는 자들이다.

이와 같은 자들은 폭력조직을 만들어 우두머리를 내세우고 다른 경쟁자들을 힘으로 굴복시키기 위해 주먹과 몽둥이·칼들을 들고 살상을 저지르며, 인정사정없이 남의 소중한 재산을 강탈하려 한다.

그들은 악한 마음을 가지고 있으므로 스스로 부지런히 일하지 않고 도둑질이나 사기를 쳐서 남의 재산을 불순하게 취득하려 하는데, 그것이 여의치 않으면 사람을 인질로 잡고 두들겨 패거나 공갈과 위협을 가하여 자기들의 이익을 예사로 행사하는 무서운 자들이다.

그들은 사람들에게 늘 폭력과 협박을 가해 무자비하게 탈취한 그 재물로 처자를 양육하는데, 자기들의 극악한 행동에 대해서 참회는 커녕 오히려 쾌감을 느끼고 보약을 먹어가면서 육체를 살찌우고 쾌락만을 탐하는 자들이다.

또 일가친척의 어른이나 부자, 그리고 가난한 자들을 가리지 않고 범행할 뿐만 아니라 집안의 가문과 명예를 생각하지 않고 늘 악행만을 일삼다 보니 그 우환으로 주위사람들은 항상 불안하고 걱정스러워 끝없는 괴로움에 시달리게 된다.

이런 사람들은 나라의 국법도 사실 두려워하지 않으므로 무엇 하나 겁나는 것 없이 막무가내로 행동하지만 그런 악행은 비단 사람에게만 알려질 뿐만 아니라 귀신에게도 알려지고 해와 달도 비쳐 보고 천지신명들도 그의 악행을 소상하게 기억하고 있다는 사실을 분명 알고 있어야 하는데 그들은 전혀 거기에 신경을 쓰지 않는다.

그리하여 자연히 삼악도의 무량한 고통과 괴로움을 받게 되고, 또 그러한 세계에서 수억겁 만년 동안 윤회하면서 피가 터지고 살이 찢기는 고통을 받을테지만 그곳으로부터 벗어날 기약이 없어 풀려날 길이 없으니 그 고통은 이루 말할 수 없이 지독하기만 하느니라.

그래서 이것을 세 번째의 죄악이라 하고 세 번째의 고통이라 하며 또 세 번째의 불길이라고 하느니라. 내생에 받게 되는 그 불길의 고통은 얼마나 괴로운지 마치 맹렬한 불길이 전신을 태우는 것과 같느니라.

그러나 이러한 중생 가운데서도 이제 모든 것을 일심으로 뉘우치고 마음을 가다듬어 행동을 바르게 하고 모든 선을 열심히 닦아 일체의 악행을 저지르지 않으면 이런 사람들도 비단 사악한 세계를 벗어날 뿐만 아니라 천상과 열반의 세계에 가 이를 수 있는 복덕을 성취할 수 있게 될 것이니, 이것을 말해 세 번째의 큰 선행이라고 하는 것이니라."

고 하셨습니다.

부처님께서 연이어 또 말씀하시기를,

"이제 네 번째 악행에 대해서 말하겠느니라. 세상 사람들은 선행을 닦으려고 생각하지 않고 도리어 온갖 악행을 저지르도록 서로 부추기면서 함께 살아가고 있다. 언제나 그들은 이간질과 욕설·거짓말과 아첨의 말로써 남을 모함하고 헐뜯으며 싸움과 분란을 야기시키고 착한 사람을 미워하고 시기해서 그 어진 사람들을 곤경에 빠뜨리려고 하고 있다.

그리고 자기 식구들만 쾌락을 추구하며 재미있게 살아가게 되길 바라고 자기를 낳아준 부모에 대해 봉양하고 효도해야 하는 인륜에는 전혀 관심을 두지 않는다. 또한 스승과 어른에 이어 친한 벗들 사이에서도 신의와 정성, 그리고 진실성을 전혀 보이지 않고 극도의 이기심으로 항상 메마르게 살아가고 있다.

그뿐만 아니라 자기 분수를 모르고 언제나 자신이 똑똑하다고 우쭐거리며 자기 혼자만이 천지의 도리를 다 알고 있는듯이 떠벌리고 종횡으로 턱없이 허세를 부려 사람들을 혼란에 빠뜨리고 있다. 그러면서 스스로에게 무한한 힘이 있다고 은근히 선전하여 남의 공경과 두려움을 독차지하려 한다.

그런 사람들은 천지신명과 해와 달을 두려워하지 않고 기쁜 마음으로 스스로 선행을 닦으려고도 하지 않으니, 이런 사람들을 항복받아 교화시키기는 정말 매우 어려운 일이 되는 것이다.

또한 자신이 어리석고 볼품없으면서도 자기 자신은 자기가 잘나고 대단하다고 생각하여 부끄러움과 두려움을 가지지 않고 항상 교만한 마음으로 온갖 악행을 자행하고 있으니 천지신명이 절대로 그냥 두고 보지 않을 것이다.

그들은 전생에 얼마간의 복덕을 쌓아 놓은 덕택으로 금생에 작은 선업으로도 겨우 자신을 보호하고 부지하지마는 금생에 악업을 지어 그 복덕의 힘을 모두 다 허비해 버리면 천지간에 혼자가 되어 그 어디에도 발붙여 의지할 데가 없어지고 만다. 그러다가 수명이 다하면 모든 악업들이 그에게로 달라붙어 끝까지 그를 붙들고 늘어지며 지옥으로 곤두박질치게 만들어 버린다.

또 그 죄악들은 천지신명이 모두 다 소상하게 기록하여 놓았기 때문에 분명 재앙과 괴로움이 가득찬 고통의 세계에 갈고리로 찍어 무지막지하게 끌어갈 것이다.

그곳에서 지은 죄에 상당하는 모든 과보를 몸서리쳐지도록 받아야 하는데, 그것은 자연의 엄연한 인과의 법칙이기 때문에 아무리 울고 불며 몸부림쳐도 절대로 밖으로 빠져 나올 수가 없다.

단지 살아 생전에 지은 바 악행으로 지옥의 불가마에 들어가 그 뜨거운 불길로 온몸이 구석구석 타들어 갈 때 죄업으로 찌들린 마음은 말할 수 없는 고통을 받게 될 터인데, 그 때를 당하여 땅을 치고 후회한들 무슨 소용이 있겠는가.

천지의 현묘한 도리는 인과의 법칙으로 그 바탕을 삼아 한치의 오차나 과오가 없기 때문에 죄업을 지으면 당연히 그만큼의 괴로운 세계에 떨어져 한량없는 고통과 괴로움을 받게 된다는 것은 지극히 엄연한 이치이니라.

그곳에서 천만억 겁 동안 수없이 윤회하며 무량겁의 세월을 피눈물나게 보내도 빠져 나올 기약이 전혀 서질 않으니 그 고통은 말로써 어찌 다 표현할 수가 없느니라.
그래서 이것을 네 번째의 악행이라고 하고 네 번째의 고통이라고 하며 네 번째의 불길이라고 하는데, 그 고통은 불길에 전신을 태우는 것과 같이 혹독하고 지독하기 이를 데 없느니라.

그러나 그런 사람들 가운데서도 일찍이 마음을 가다듬어 행동을 올바르게 하고 힘이 들더라도 선행을 부지런히 행하여 온갖 악행을 저지르지 않으면 그러한 세계로부터 벗어나 천상과 열반의 세계에 이르는 큰 복덕을 성취하게 될 것이니, 이것을 일러 네 번째의 큰 선행이라고 하는 것이니라."
고 하셨습니다.

그리고 또 부처님께서는,

"그 다섯 번째를 이제부터 말하겠느니라. 대다수의 세상 사람들은 할 일 없이 빈둥거리면서도 힘써 선행을 닦으려 하지 않고 부지런히 일하려 하지도 않기 때문에 늘 그 가족과 권속들이 추위와 배고픔에 허덕이는 고통을 겪게 된다. 그것을 보다 못해 부모가 충고하고 타이르면 도리어 눈을 부라리며 성질을 내고 거칠게 말대꾸하고 무섭게 반항하며 달려들기 때문에 이제 자식이 원수같이 느껴져 무자식의 팔자보다 못하다는 설움을 느끼게 만든다.

또 남과 더불어 사회생활을 하거나 동업으로 사업을 시작하여도 절제된 행동이 없다 보니 모두가 그 사람 만나기를 꺼리고 의논하는 일을 싫어하게 되어 언제나 외톨박이로 살아가야 할 수밖에 없다. 혹 누군가 그의 애절함을 듣고 도와주는 경우가 있어도 반드시 뒤에는 은혜를 저버리고 의리를 배신해 버리는 기회주의적 삶을 살아가고 있다.

그러다 보니 그들은 은혜를 갚아야 한다든가 감사하는 마음을 가져야 한다든가 하는 인간의 기본양심이 전혀 갖추어지지 않아 사람들에게 늘 따돌림을 당하고 배척되어지는 관계로 그 삶은 항상 가난하고 곤란한 입장에 처해질 수밖에 없고, '나는 그런 사람이 아니다'라고 백방으로 자기를 선전해도 어느 누구 하나 이제 믿어주는 사람이 없어 자신의 인간성을 회복시킬 기회가 없게 되어 버린다.

그렇게 된 연유는 마음을 옹졸하게 가져 언제나 눈앞에 나타나는 이익에만 정신이 팔리다 보니 그 이익을 어떻게든 혼자만 많이 가지려고 다투고 빼앗으려 하는 극단의 이기심 때문에 발로된 것이다. 어쩌다가 재물이 생기기라도 하면 절도 없는 방탕으로 모두다 소비해 버리고, 또 남의 것을 공짜로 챙기려 드는 못된 버릇으로 자기 생활을 편안하게 영위하고자 하기 때문이다.

또 시처(時處)를 가리지 않고 술을 마셔 정신을 잃고 여자를 편력하며 게걸스럽게 맛나는 음식만을 찾아다니며, 마음 내키는 대로 허랑방탕하고 줏대없이 허둥대면서 남들과 충돌하기 좋아하고, 남의 입장은 전혀 고려하지 않고 그들을 완력으로 억압하고 짓누르기를 좋아하는 한편, 남의 선행을 보면 질투심이 일어나 미워 죽을 정도로 시기를 일삼는다.

정말 그들은 의리도 없고 예의도 없으며 자기의 행동에 대해 뉘우치거나 한 번쯤 돌아보는 마음도 가지지 않는다. 언제나 자기가 똑똑하고 잘났다고 생각하고 있기 때문에 그를 타일러 그의 잘못을 깨우치게 하는 것은 도저히 불가능한 일이 되고 만다.

막행막식으로 생활하다 보니 집안에 먹을 것이 있는지 없는지조차도 신경쓰지 않고, 부모의 은혜를 결코 생각하지 않으며, 나아가서 스승과 친구들에게 신의를 저버리고 항상 사악한 생각만 마음 속에 품은 상태로 입으로는 폭언을 일삼으며 몸으로는 죄악을 지으니 착함이라고는 어느 곳에서도 찾아볼 수가 없다.

그들은 선인이나 성인들, 그리고 부처님과 부처님의 말씀을 절대로 믿으려 하지 않고 도를 닦으면 이 세상의 온갖 불행을 뛰어넘을 수 있다는 것도 믿지 않으며, 죽고 난 뒤에는 그 죄업의 영혼이 다시 윤회한다는 것도 믿지 않을 뿐만 아니라 선업을 지으면 좋은 복덕이 생기고 악업을 지으면 재앙이 온다는 것도 믿지 않아 참다운 수행자를 오히려 살해하려 하고 화합되어 있는 승가의 공동체를 이간질시켜 싸움을 붙이고 소요를 일으키게 만든다.

거기다가 부모가 꾸짖으면 부모를 죽이려고 달려들고, 형제가 타이르면 형제에게 상해를 입히려고 쫓아가니 그것을 보고 있는 부모 형제들이 모두 다 그들을 미워하고 싫어해서 빨리 죽어 주었으면 좋겠다는 생각을 갖도록 만든다. 그런 경우가 되면 세상 사람들 누구 할 것 없이 모두 다 함께 그런 생각을 갖게 될 수밖에 없다.

그렇게 무지몽매하여도 스스로는 자기가 지혜가 있어서 똑똑하다고 생각하고 있지만 자기가 사실 어느 곳으로부터 왔으며 죽으면 어떤 세계로 가 태어나는지도 모르고, 또 부모에게 어떻게 효도해야 하는지도 모르며, 형제간에 어떻게 효순해야 하는지도 모르는 주제에 악행으로 천지의 법도를 어기면서도 요원하게 행운을 바라고 또 오래도록 장수하려고 은근히 바라고 있다.

그런 패륜아라도 죽음에 임박하게 되면 그를 가엾게 여기는 선지식이 보다 못해 자비스러운 마음으로 참회를 가르치고 선한 마음을 갖도록 권하는 행운을 가질 수도 있다. 그리고 또 나고 죽는 것은 선악의 과보에 의해 그 태어나는 세계가 분명 다르다는 것도 가르쳐주고, 그것은 불변의 인과법칙이라는 것도 가르쳐 주지만 절대로 쉽게 그 말을 받아들이려 하지 않는다.

그렇기 때문에 아무리 애를 쓰고 힘들게 달래어도 그에게는 조금도 그 설법이 이익이 되지 않는다. 그것은 그의 마음이 이미 너무 황폐되어 있고 또 너무 폐쇄되어 있기 때문에 그런 설법이 그 마음에 전혀 들어가지 않는다.

그러다가 이제 목숨이 경각에 달려 있으면 그 때서야 크게 후회하고 두려워하게 되는데, 그것은 미리 죽음을 대비해 선업을 닦아 놓지 않았기 때문에 그럴 수밖에 없는 것이다. 그러나 이미 목숨이 끊어지고 있으니 이제 아무리 후회해도 너무 늦어 그때는 어쩔 수 없게 된다.

그들은 미리 선행을 닦지 않고 마지막에 이르러서야 바야흐로 후회하는 어리석음을 또 한번 저지르고 있으니 이제 와서 아무리 뉘우친다 한들 어떻게 할 도리가 없는 것이니라.

이 하늘과 땅 사이에는 지옥과 아귀와 축생과 인간에 이어 천상이 있어서 업에 따라 그 세계들이 등차적으로 건립되어 있다. 중생은 자기가 지은 그 죄과에 의하여 자기에게 맞는 세계에 태어나고 또 다른 다음의 업인을 지어가는 것으로 끝없는 삶을 살아간다.

그 인과의 법칙은 모든 중생들에게 골고루 적용되어 참으로 넓고 매우 심오하며 대단히 오묘해서 어리석은 중생들은 미처 그것을 인지하지 못하지마는 그 도리는 매우 엄연한 현실로 정확하게 나타나고 있다.

선행을 지으면 복을 받고 악행을 지으면 재앙을 받는다는 인과응보에 의하여 자신이 지은 업보는 오로지 자신 스스로 그것을 모두 다 받아야지 그 누구도 자신을 대신해서 그 과보를 받을 수가 없는 것이다. 그러한 이치는 너무나 분명해서 오직 그가 저지른 소행에 따라 그 죄업이 목숨을 따라다니며 결코 떠나지 않는다.

선행을 행한 착한 사람은 안락한 세계에서 한결 더 안락한 세계로 나아가다 보니 그 지혜는 더욱 더 밝아지게 되며, 악행을 지은 악한 사람은 고통스런 세상에서 한결 더 고통스러운 세상으로 나아가다 보니 그 마음이 더욱 더 혼탁하고 어두워질 수밖에 없다.

어느 누가 이렇게 심오하고 오묘한 이치를 능히 알 수 있겠는가. 오로지 부처님만이 그 인과의 법칙을 완전히 꿰뚫어 보고 있을 뿐이다.

그래서 나 부처는 중생들에게 끊임없이 그 사실을 가르치고, 또 비유를 들어 그 과보를 명백하게 밝혀 주지만 앞으로 그 말을 순수하게 믿고 따르는 자는 매우 적을 것이다. 그러다 보니 생사의 고통은 멈추지 않고 악한 세계는 없어지지 않은 상태로 영원히 지속될 수밖에 없다는 것을 세상 사람들은 결코 알아차리지 못하고 있는 것이다.

그것을 모르다 보니 세 가지의 사악한 세계가 엄연히 존재하게 되고, 또 그 죄업에 따라 그런 세계에 태어나는 중생들은 한량없는 고통과 괴로움을 계속해서 받을 수밖에 없는 것이다.

그런 곳에서 수많은 세월 동안 윤회를 계속하며 그 죄과를 모두 다 연속해서 갚아야 하는데, 그렇지 못하면 제아무리 빠져 나오고 싶어도 빠져 나올 기약이 없는 것이다. 그곳에서 감당해야 하는 온갖 괴로움과 무수한 고통은 정말 말로써는 다하지 못할 정도로 심히 가혹하고 극심하여 말로써는 어찌 다 표현할 수가 없는 것이다.

이것이 바로 다섯 가지 큰 악행이고 다섯 가지 큰 고통이며 다섯 가지 큰 불길이라고 하는데, 그 괴로움과 고통은 정말 큰 불길로 전신을 태우는 것과 같이 참혹하기 이루 말할 수 없느니라.

그러나 이런 사람들 가운데서도 능히 일심으로 마음을 가다듬고 행동을 바르게 하여 옳은 것들을 생각하고 언행을 일치시키며 혼자만이라도 힘써 온갖 선업을 닦고 온갖 악행을 저지르지 않으면 그 사람은 이런 세상을 벗어나서 천상의 세계에 태어나거나 열반의 세계에 오르는 큰 복덕을 성취하게 될 것이니, 그것을 말해 다섯 가지 큰 선행이라고 하느니라."
고 하셨습니다.

그리고 또 부처님께서 미륵 보살에게,

"내가 지금까지 그대들에게 말한 고통과 괴로움은 이 세상에 살아가고 있는 모든 중생들에게 공통적으로 해당되는 다섯 가지 악행과 그 죄악으로 현재에 받는 다섯 가지 고통과, 또한 그 과보로 내세에 받게 되는 다섯 가지 불길의 고통을 말한 것이니라.

이런 것들이 서로 서로 원인이 되고 결과가 되어 중생들을 끝없이 윤회케 하고 또 고뇌에 허덕이게 하는 요인이 되느니라. 그런데도 중생들은 온갖 악행을 일삼으면서도 선업의 공덕은 힘써 짓지 않고 있으니 모두가 다 다음 세상에는 지옥이나 아귀·축생의 고통세계에 떨어지지 않을 수 없게 되는 것이니라.

혹은 다음 세상에 갈 것도 없이 금생에 벌써 그에 합당한 재앙과 병마를 얻어 차라리 죽고 싶을 정도로 고통스러움을 당하나 죄업의 목숨이 질기고 질겨 쉽게 죽어지지도 않고, 힘들게 모아 놓은 재산이 아까워서 더 오래도록 풍족하게 써가면서 인생을 즐기고 싶으나 수명의 복이 다 되어버리면 모든 것이 하루아침의 이슬처럼 사라져 버리고 마는 것이니, 그것은 스스로 지은 죄악의 업보가 그를 무자비하게 끌고 가기 때문이니라.

이런 일들이 사람들에게 수없이 일어나고 있지마는 사람들은 그것을 애써 믿으려 하지 않고 있느니라. 그러다가 그 자신이 죽으면 예외없이 이보다도 더 사악한 세상에 분명 태어나 무량한 세월 동안 타오르는 불길에 전신을 태우는 것 같은 끝없는 고통과 쓰라린 괴로움을 당하고야 마는 것이니라.

이렇게 괴로움을 받고 살아가는 동안에도 전생의 업인(業因)으로 인하여 다른 중생들과 또다른 원한을 맺게 되는데, 처음에는 미미한 원한인 것 같다가도 세월이 지나면 그것이 쌓이어 결국에는 큰 원수로 자라나게 되느니라.

이러한 것은 모두 다 재물과 애욕에 깊이 탐착되어 남에게 베풀지 못함으로 해서 생기는 욕심의 과보이기 때문에 무엇을 하나 하더라도 마음이 더욱 번뇌에 얽매여 결코 시원스레 그것들로부터 벗어날 수가 없게 되느니라. 그것은 언제나 자기의 이익만을 위해 남들과 곧잘 다투고 죄를 지어도 결코 반성할 줄을 모르니 당연히 그렇게 될 수밖에 없는 결과이니라.

어쩌다가 부귀영화를 누리게 되면 오로지 쾌락만을 위해 자기가 갖고 있는 모든 복덕을 탕진하는 데만 몰두하고 더 이상 선업을 힘써 닦지 않다 보니 그 복덕이 바로 고갈되어져 갖고 있던 모든 권세와 영화가 얼마 가지 않아 바로 끝이 나버리고 마느니라.

그렇게 되면 원한과 증오만이 남아 이제 더 이상 복덕을 지을 수 있는 형편이 되지 못하다 보니 점점 그 마음이 혼탁해져 급기야는 크나큰 대난을 받을 수밖에 없느니라.

하늘이 덮고 땅이 실어주는 천지의 도리는 절대로 오류가 없어서 그 속에서 일어나는 모든 것들을 있는 그대로 명명백백하게 나타내 주기 때문에 조금도 감추거나 숨길 수가 없느니라. 그물의 밧줄을 당기면 그물 전체가 달려 나오는 것처럼 먼저 원인을 심어 놓으면 뒤에는 그것으로부터 파생되어진 수많은 결과가 정확하게 서로 상응되게 되어 따라오기 때문이니라.

 그러므로 죄를 지었으면 마땅히 죄의 과보를 받아야 한다. 비록 그 죄의 과보가 지극히 쓰라리고 혹독하더라도 그것을 피할 수는 없는 것이다. 그것은 예나 지금이나 변함없는 철칙인 것인데 중생들은 천지를 모르고 우선 편하다고 겁도 없이 죄부터 일단 지어놓으려 하고 있으니, 그 결과는 참으로 고통스럽고 참으로 극심하기 짝이 없는 것이니라."
고 하셨습니다.

 그리고 나서 다시 부처님은 미륵 보살에게 말씀하시기를,

 중생세계에는 이와 같이 수많은 고통이 내존하고 있기 때문에 모든 부처님들은 한결같이 중생들을 불쌍하게 여길 수밖에 없느니라. 그래서 그분들의 위신력으로 중생들의 모든 죄악을 부수어 없애고 모두 다 선행을 닦아 좋은 세계로 나아가도록 인도하시고 계시는 것이니라.

 그래서 죄악을 짓고자 하는 그들의 마음을 버리게 하고 경전과 계율을 받들어 지키게 하며, 가르침을 받아 수행에 옮기되 한치도 어긋나거나 틀림이 없게 하시어 필경에는 일체 중생들이 모두 다 이런 고통스런 세상을 등지고 무위의 열반세계에 평안히 안주하도록 그 길을 정확히 제시해 주고 있는 것이니라."
고 하셨습니다.

 그리고 또 부처님께서,

"지금 내 말을 듣고 있는 그대들과 모든 천상의 인간들, 그리고 지상의 인간들에 이어 미래에 태어나는 모든 세상사람들은 내가 가르친 인과의 설법을 듣고 마땅히 깊이 생각해야 할 것이니라.

그리고는 자발적으로 마음을 잘 가다듬고 행동을 올바르게 하여야 할 것이니, 즉 지위가 높은 위치에 있는 사람들일수록 언제나 늘 선행을 솔선수범하여 아랫사람들을 따뜻하게 잘 교화시켜야 할 것이니라.

그래서 나 부처의 설법이 이 중생세계에 고루 유통되어 모든 중생들 각자가 선행으로 살아가면서 부처님을 존중하고 선업을 동경하도록 해야 할 것이며, 또 어질고 인자한 마음으로 중생을 사랑하고 크고 넓은 마음으로 그들을 어루만져 주어 그 누구도 죄악으로부터 고통받는 중생들이 이제 더 이상 없도록 각자 서로 노력해야 할 것이니라. 이것이 나의 간절한 바람이기 때문에 조금도 이 바람에 어긋나는 일이 있어서는 아니 될 것이니라.

또 반드시 이 고통스런 세상을 벗어날 수 있는 방법을 구해서 생사에 허덕이게 하는 모든 윤회의 뿌리를 뽑아 없애고, 지옥·아귀·축생의 세계를 전전하며 한량없이 받아야 하는 근심과 우환으로부터 훌쩍 벗어나 버리도록 힘써 노력해야 할 것이니라.

그렇게 하려면 너희들은 이 혼탁한 세상에서 마땅히 공덕의 근본인 선행을 두루 행하면서 항상 보시로 넓게 베풀고 내가 금한 계율을 절대로 범하지 말아야 할 것이니라. 그리고 모든 것에 대해 인욕해야 할 것이며 또 부지런히 정진을 계속해야 할 것이니라. 그러면 깊은 선정에 들어갈 수 있어서 지혜가 한없이 발로될 것이고, 그 지혜로 중생들을 끝없이 교화하게 되면 그것이 바로 최고의 공덕이 되고 최고의 선행이 되는 것이니라.

그렇게 올바른 마음과 깨끗한 생각을 가지고서 악행을 멈추게 하는 청정한 계율을 끝까지 지켜 나가면 비록 하루 밤낮 동안의 계율 공덕이라도 그것은 극락세계에서 백년 동안 선행을 쌓는 것보다 더 우월한 것이 되느니라.

왜냐하면 저 무량수 부처님이 계시는 극락국토는 업력의 인간들에 의해 만들어진 세계가 아니기 때문에 그 속에 살고 있는 중생들은 털끝만한 악행도 짓지 않고 누구나 다 선행만 열심히 쌓아가고 있기 때문이니라.

또한 이 사바세계에서 열흘 동안만이라도 힘써 선행을 닦으면 다른 모든 부처님나라에서 천년 동안 쌓은 선행보다도 더 수승하느니라.

왜냐하면 다른 부처님나라에 사는 중생들 또한 여기 중생들보다 더 죄업이 가볍기 때문에 악행을 짓는 자들은 적고 선행을 심는 자들은 월등히 더 많기 때문이니라. 그 이유는 그 세계에 태어나는 중생들은 복덕이 많아서 어쩔 수 없이 악을 지어야 하는 환경과 조건이 여기보다 확실히 덜하기 때문이니라.

그러나 특이하게도 이 사바세계는 우주 가운데서도 유독 박복한 중생들이 서로 원한을 갖고 태어나는 곳이기 때문에 곳곳마다 죄악의 원천이 득실대고 있고, 그 반대로 복덕을 지을 수 있는 여건이 거의 구비되지 않아서 중생들이 언제나 괴로움과 고통에 허덕일 수밖에 없느니라.

그러다 보니 서로 속이고 서로 싸우게 되어 마음은 더욱 괴롭고 몸은 언제나 피곤에 젖어 있게 되는 것이니라. 그런 삭막한 삶 속에서 인생을 힘들게 살아가기 때문에 한 잔의 물을 마시려 해도 온갖 고통이 따르고 한 끼의 음식을 먹으려 해도 수많은 어려움이 수반되어 잠시도 마음 편안하게 쉴 수가 없는 곳이 되고 말았느니라.

그 슬픈 현실을 알고 내가 이 사바세계에 살고 있는 모든 중생들을 가엾게 여겨 이제부터라도 부지런히 선행을 닦도록 간곡히 타이르고 달래서 그들을 이제 복덕이 갖추어진 나라에 태어나도록 하고, 아니면 이 사바세계일지라도 서로 복덕을 지어 상호간에 안락하게 살아갈 수 있도록 이토록 간절하게 그 방법을 가르쳐 주고 있노니, 그대들은 결코 이 경법을 어기거나 안이하게 생각하지 말아야 할 것이니라.

그러므로 누구든지 이 가르침을 지성으로 받들어 행하고, 또 그렇게 되기를 간절히 소망해서 그대로 행동에 옮긴다면 그에 합당한 안락을 반드시 얻게 될 것이니, 그러면 나의 가르침이 점차로 전해지는 그 어떤 나라나 도시나 마을의 백성들도 이 엄정한 불법의 교훈에 감화되지 아니 할 수가 없을 것이니라.

그러면 하늘과 땅이 태평하고 해와 달은 청명하며 바람과 비는 순조로워 그 어떠한 천재나 지변, 그리고 재난과 질병이 일어나지 않아 나라가 더없이 풍요롭고 백성이 지극히 평안하여 더이상 살육을 일으키는 병사의 무리와 살상의 무기가 필요없게 될 것이니라.

그렇게 되면 모든 사람들이 이제 공덕의 과보를 높이 받들어 행하고 서로간에 인자한 마음을 내어 예의와 겸양의 미덕을 힘써 닦게 될 것이니라."

고 하셨습니다.

그리고 또 말씀하시기를,

"내가 너희들 모든 중생들을 불쌍하게 보고 안타깝게 여기는 심정은 너희들 부모가 자식인 그대들을 염려하는 것 이상으로 깊고 넓은 것이니라. 그렇기 때문에 내가 이 세상에서 결국 부처가 되어 중생들이 일상적으로 겁없이 저지르는 다섯 가지 악행을 가라앉히고 그로 인해 받게 되는 현재의 다섯 가지 고통과 미래에 과보로 다가오는 다섯 가지 불길을 완전히 없애버리고자 하는 것이니라.

다시 말하자면 오로지 선법으로 그 악행을 다스리게 하여 생사의 근본이 되는 모든 죄악의 씨앗을 뿌리채 뽑아 이제 이 세상에서 더 이상 고통으로 헐떡이는 중생들이 단 한 명도 없게 하고자 하는 것이니라. 그러면 자연적으로 다섯 가지 큰 선행의 공덕을 성취하여 영원하고 평안한 행복을 이 세상에서도 끝없이 누릴 수가 있기 때문이니라.

그렇지만 내가 이 세상을 떠나고 나면 나의 가르침이 점차 희미해지는 틈을 타 죄업의 본성을 갖고 있는 중생들이 더욱 더 기세등등하게 수만 가지 죄악을 앞다투어 범하게 될 것인데, 그러면 또다시 다섯 가지 악행과 다섯 가지 고통이 만연한 세계가 되고, 그에 따라 중생은 또 다섯 가지 불길에 휩싸이게 되어 이제 예전보다도 더 극심한 고통세계가 되고 말 것이니라.

이러한 인과의 불행을 낱낱이 다 말할 수는 없으나 다만 내가 그대들을 깨우치기 위하여 이 문제를 조금이나마 간단히 이렇게 언급하였을 뿐이니라."

고 하셨습니다.

그리고는 미륵 보살에게 부처님께서,

"비록 간략하게 중생들의 양상을 말하였지마는 그것을 들은 너희들은 각자 내가 가르쳐 준 인과의 설법을 자세히 잘 유념하여서 앞으로 이 땅에 살게 되는 모든 중생들에게 잘 전해 주고 잘 깨우쳐 주도록 전력을 다해 힘써야 할 것이니라.

그래서 누구든 부처와 동일한 이 가르침을 어기거나 위배하는 일이 없도록 해야 할 것이니, 그것이 중생을 살리는 최고의 방법이고 최고의 양약이며 최고의 가르침이 되느니라."

고 부촉하자 미륵 보살이 공손하게 합장하고 부처님께 말씀드리기를,

"부처님께서 고구정녕히 부탁하신 그 설법은 참으로 우리 중생들의 심금을 울릴 수 있는 최적의 지당한 말씀이시옵니다. 이 세상 사람들은 부처님 말씀대로 불쌍하기 그지 없습니다. 부처님은 그들을 애민히 여기시어 큰 자비로 이와 같은 간곡한 가르침으로 그들을 고통으로부터 완전히 벗어나는 길을 가르쳐 주시었습니다. 거듭되고 또 절절한 부처님의 말씀을 들은 이상 절대로 그것을 잊어버리거나 어기는 일이 죽어도 없도록 맹세하겠사옵니다."

고 다짐하였습니다.

그러자 부처님께서 저를 부르시더니,

"아난이여. 그대는 일어나 의복을 단정히 하고 공경스런 마음으로 합장을 한 채 무량수 부처님이신 아미타불께 지극한 예배를 드리도록 하여라. 시방 허공계에 펼쳐져 있는 한량없는 세계의 모든 부처님들도 나와 같이 그 부처님의 공덕을 드날리고, 그 부처님의 걸림

없는 신통력을 찬탄하시고 계시느니라."
고 하시기에 제가 즉시 일어나 옷매무새를 바로 하고 서쪽을 정면으로 향해 지극히 공경스런 마음으로 합장하고 땅에 엎드려 무량수 부처님께 지성으로 예배를 드렸습니다.

그리고는 석가모니 부처님께,

"세상에서 가장 훌륭한 어른이시여, 저는 그 무량수 부처님과 그리고 그 부처님이 계시는 극락세계와 또 그 속에서 수행에 매진하는 일체의 보살들과 성문들의 거대한 무리들을 이번 기회에 한번 뵙기를 간절히 원하옵니다."

이렇게 말씀드리자 즉시에 무량수 부처님께서 시방 일체의 모든 부처님나라를 두루 비추는 큰 광명을 내뿜기 시작하셨습니다. 그러자 중생세계에서 가장 높은 산 중의 산인 금강산과 대철위산, 수미산으로부터 크고 작은 모든 산들에 이어 그 아래에 형성되어진 일체의 만상들이 모두 다 단일색인 황금빛으로 일순간에 바뀌는 것이었습니다.

마치 이 세상에 종말이 올 때 큰 홍수가 일어나 온 세계를 물로 가득 채웠을 때, 일체의 만물이 모두 다 그 속에 잠기어서 하나도 보이지 않고 오직 넓고 광활한 거대한 물바다만이 푸른 단일색으로 바라보이는 것 같았습니다.

그 아미타 부처님의 광명도 꼭 이와 같아서 성문과 보살들이 내뿜는 일체의 광명들은 모두 다 사라지고 오직 그 부처님이 쏟아내는 광명만이 찬란하게 빛나는 것이었습니다.

그 때 제가 무량수 부처님을 우러러 뵈오니 그 부처님이 갖고 계시는 위덕이 얼마나 높고 거룩한지 거대한 수미산이 모든 세계를 누르고 홀로 높이 우뚝 솟아 있는 것같이 보였습니다.

그리고 그분의 모습은 우아하고 아름답기 이를 데 없었으며, 황금색으로 빛나는 그분의 얼굴 광명은 시방세계에 두루 미치지 아니하는 곳이 없었습니다.

그리고 그 설법의 자리에 모여 있던 비구·비구니·남자신도·여자신도들도 모두 저와 함께 바로 아미타 부처님을 뵈옵고 그 부처님의 신통력으로 극락세계를 훤히 바라볼 수 있게 되었습니다. 물론 그 극락세계에 있던 모든 대중들도 이 사바세계의 석가모니 회상에 모인 우리들을 이쪽처럼 반갑게 저쪽에서도 바라보고 있었습니다.

얼마 후에 석가모니 부처님께서 저와 자씨(慈氏) 성을 가진 미륵보살에게 물으시기를,

"그대들이 극락세계를 바라볼 때 그곳 지상으로부터 하늘에 이르기까지 그 가운데 있는 지극히 미묘하고 청정한 자연의 만물들을 모두다 잘 보았느냐?"

고 하시기에 제가,

"예, 물론 다 보았습니다."

라고 대답하자 부처님께서 다시,

"그렇다면 너에게 다시 묻겠는데, 너는 무량수 부처님께서 일체세계의 한량없는 중생들을 제도하시기 위해 그곳에서 설법하시는 우렁찬 음성까지도 정녕 다 들었느냐?"

"예, 분명 다 들었습니다."

"또 저 극락세계의 모든 중생들이 백천 유순이나 되는 칠보의 궁

전에서 자유롭게 생활하는 것에서부터 때때로 시방 허공계의 모든 세계를 임의대로 두루 날아다니면서 모든 부처님께 공양 올리는 광경들도 모두 보았느냐?"

"예, 물론 보았습니다."

"또 극락세계에 왕생한 사람들 중에 어미의 모태로 태어나는 태생의 중생들이 있는데, 그들도 다 보았느냐?"

"예, 분명 보았습니다. 태생에 의해 그곳에 태어나는 중생들이 살고 있는 궁전은 크기가 백 유순에서 오백 유순들이 있는데, 그들도 그나마 무한한 복덕이 있어서 여러 가지 기쁨을 누리고 사는 정도가 도리천의 하늘에서 그 하늘사람들이 자연스럽게 쾌락을 누리면서 살아가는 것 이상으로 정말 대단하였사옵니다."

라고 대답했습니다.

그 때 미륵 보살이 부처님께,

'세존이시여, 무슨 원인이 있기에 극락세계에 태어나는 중생들 중에서 모태에 의탁하여 태어나는 태생과 모태를 의지하지 않고 홀연히 태어나는 화생의 구별이 있사옵니까?'

라고 공손히 여쭈자 부처님께서 그 물음에 대답하시기를,

"어떤 중생들이 있는데, 그 중생들은 모든 공덕을 스스로 두루 닦아서 저 극락세계에 간절히 태어나고자 발원은 하지만 그들은 부처님의 지혜가 불가사의하여 중생들이 갖고 있는 마음과 언어로 어떻게 표현할 수도 없고, 또한 그 지혜가 크고 광대하여 그 무엇으로도 비교되거나 비길 데가 없는 최상의 수승한 지혜를 갖고 계신다는 것을 의심하기 때문에 극락세계에 태생으로 태어나는 것이니라.

그러나 그들은 부처님의 불가사의한 모든 지혜를 의심하여 믿지는 않지마는 그래도 죄와 복에 대한 인과의 도리는 믿고서 스스로 선행의 공덕을 닦아서 극락세계에 태어나고자 간절히 바라는 자들이니라.

그러한 중생들이 분명하게 저 칠보로 된 궁전에 어려움없이 태어나기는 하지마는 그곳은 극락세계의 변방지역이어서 500년 동안이나 전혀 부처님을 뵙지 못하고 불법을 듣지도 못하며 보살과 성문 같은 성인들의 모습들도 만나볼 수가 없느니라. 그렇기 때문에 그들을 일러 태생으로 극락세계에 태어나는 저열한 자들이라고 말하는 것이니라.

그러나 누구든지 부처님의 지혜가 불가사의하고 또 최고로 수승하다는 것을 분명히 믿고 온갖 가지의 공덕을 쌓으면서 조금도 의심없이 아미타불이 갖고 계시는 지혜와 공덕에 의해 극락세계에 태어나고자 지극하게 서원한다면 이러한 중생들은 바로 칠보로 된 연꽃의 연화대에 화생하여 가부좌를 한 자세로 극락세계의 중앙에 바로 태어나게 되는 것이니라.

그리고 찰나 사이에 거룩한 성인의 모습과 신체의 오묘한 광명에 이어 지혜와 공덕이 성취되어그 나라에 살고 있는 모든 보살들과 같은 수준의 위덕상을 원만하게 갖추게 되느니라."
고 하셨습니다.

또 미륵 보살을 부르시더니,
"미륵이여, 다른 부처님세계의 여러 보살들도 그대들처럼 발심을 하고 아미타불과 극락세계의 여러 보살들과 성문들을 친견하고 그들을 공경하고 공양드리기를 지극히 원한다면 그들이 이 세상에서 수명을 다 마쳤을 때 무량수 부처님이 계시는 극락국토의 칠보로 된 연꽃 가운데에 있는 연화대에 화생으로 즉시 태어나게 되느니라.

 미륵이여, 잘 알아 두어라. 저 극락세계에 화생으로 태어나는 중생들은 이 세상에서 지혜가 수승하였기 때문이며, 그와 반대로 태생으로 왕생하는 중생들은 전혀 지혜가 없이 이 세상에서 선업의 공덕만을 닦았기 때문이니라. 하지만 그래도 극락세계에 기필코 태어나고자 하는 발원은 분명 간절히 하였느니라.

 그래서 그들은 원하는 대로 일단 극락세계에 태어나긴 했어도 500년 동안이나 전혀 아미타 부처님을 만나 뵙지 못하고 또한 부처님의 설법도 듣지 못할 뿐만 아니라 모든 보살들과 성문들의 모습도 보지 못하게 되느니라.

 그러므로 그들은 부처님께 공양드리고 싶어도 공양을 드릴 수도 없고, 설법을 듣고 싶어도 들을 수가 없다 보니 보살이 익혀야 되는 법도를 배울 수가 없으며, 또 성문들을 만나볼 수 없다 보니 그곳에서는 어떻게 공덕을 닦고 선업을 쌓아야 하는지를 전혀 모르게 되느니라.

 그러므로 잘 알아야 하느니라. 그런 사람들은 이러한 중생세계에서 거듭되는 수많은 세월 동안 자신의 지혜를 몸소 발로시키지 않았을 뿐만 아니라 또 부처님의 불가사의한 지혜조차도 의심하여 온 결과로 그런 처지에 처해지게 된 것이니라."
고 말씀하셨습니다.

 그리고 또 부처님이 미륵 보살에게,

"비유하자면, 전륜성왕의 거대한 궁전에 칠보로 꾸며진 아름다운 감옥이 있다고 하자. 그 감옥에는 온갖 가지의 진귀한 보석들과 희귀한 물건들에 이어 멋진 장신구들이 하나도 부족함 없이 거의 완벽하게 갖추어져 있고, 화려한 비단금침에다 비단휘장과 비단수실들을 달아 놓아 그 어느 곳보다도 더없이 아늑하고 포근한 곳으로 만들어 두었다고 하자.

그 성왕에게는 귀여운 아들들이 있는데, 그 아들들이 부왕의 권위를 훼손하고 나라의 국법을 크게 어긴 형벌로 즉시 그 감옥에 갇히어서 황금으로 된 족쇄를 차고 있는데, 부왕은 그들을 안타깝게 생각하여 음식이나 의복·이부자리에 이어 꽃과 향 그리고 음악 등을 자기가 누리는 것만큼 조금도 손색없이 따뜻하게 배려해 주고 있다고 할 때, 그대의 생각은 어떠하냐?

그 어린왕자들이 부왕을 만나지는 못하더라도 똑같은 궁전에 살고 있다고 해서 그 화려한 칠보의 감옥에 계속해서 더 머무르고 싶어 하겠는가?"
라고 물었을 때 미륵 보살이 바로 대답해 드리기를,

"아닙니다. 어떠한 방법과 수단을 써서라도 그 왕자들은 힘이 센 역사(力士)를 구해 그곳으로부터 일단 빠져나오려 할 것입니다."
라고 말씀드렸습니다.

그러자 부처님께서 미륵 보살에게,

"저 극락세계에 태생으로 태어나는 중생들도 또한 그와 같아서 부처님의 한량없는 지혜를 의심하고 진실되게 믿지 않았기 때문에 극락세계의 변두리에 있는 칠보궁전에 태어나서 아무러한 제약이나 형벌을 받지 않을 뿐만 아니라 조금도 나쁜 마음을 일으키지 않고도 그대로 안락하게 살아갈 수 있느니라.

그러나 그들은 다만 500년 동안이나 부처님과 불법과 또 그곳에서 수행하는 보살들과 성문들을 만나뵐 수 없느니라. 그러다 보니 불·법·승 삼보를 공양하여 온갖 종류의 공덕도 더이상 쌓아갈 수가 없다는 것이 바로 태생한 사람들의 고민거리이니라. 비록 모든 것이 자유롭고 평안하여 마음대로 즐거움을 누리고 살 수 있지마는 그래도 그 궁전에는 더 이상 오래 계속해서 머무르고 싶어하지는 않느니라.

만약 그러한 중생들이 부처님의 한량없는 지혜를 의심하여 그대로 믿지 않았던 잘못을 깊이 깨닫고 심히 자책하면서 참회하여 그 칠보궁전으로부터 한사코 벗어나기를 간절히 원한다면 그 원이 이루어져 무량수 부처님이 계시는 곳으로 즉시에 다다를 수 있게 되느니라.

그러면 그곳에서 아미타불을 지성껏 공경하고 공양할 수 있게 되며 또 한량없고 수도 없는 모든 부처님나라들을 번개 같은 속도로 날아다니면서 온갖 공덕을 계속해서 쌓아갈 수 있게 되느니라."
고 하시면서 또,

"미륵이여. 꼭 알아 두어야 할 것이니라. 그 어떤 중생들이라도 공덕을 닦고 선근을 심어서 대승의 보살이 되어 극락세계에 태어나고자 하는 사람이 부처님이 갖고 계시는 최고의 훌륭한 지혜를 저들과 같은 마음으로 의심하게 되면 엄청난 큰 이익을 잃게 되고 만다는 것을 반드시 명심하여야 할 것이니라.

그러므로 너희들은 마땅히 모든 부처님에게는 말로 표현할 수도 없고 무엇으로도 견줄 수 없는 최고의 지혜가 있다는 것을 확실하게 믿고 있어야 할 것이니라."
고 하셨습니다.

그러자 미륵 보살이 부처님께 다시 말씀드리기를,
"세존이시여, 이 사바세계에서 수행하여 이제 더이상 뒤로 물러서지 않는 지위인 불퇴전의 계위에 오른 모든 보살들 중에서 얼마나 많은 숫자가 그 극락세계에 태어날 수 있게 되는 것입니까?"
라고 여쭈자 부처님께서 미륵 보살에게,
"이 사바세계에서는 607억이나 되는 불퇴전의 보살들이 있는데, 그들 모두가 다 저 극락세계에 분명히 태어나게 될 것이니라. 이러한 보살들은 제각기 아주 아주 오랜 세월 동안 부처님들을 공경하고 공양해 왔기 때문에 이제 그들이 갖고 있는 공덕은 미륵 그대와 거의 버금갈 정도로 대단하느니라.

그리고 아직 수행공덕이 모자라는 어린 보살들과 작은 공덕만을 즐겨 닦는 소승수행자들의 수들도 헤아릴 수 없을 정도로 많이 있는데, 그들도 또한 다 저 무량수 부처님이 계시는 극락세계에 분명 태어나게 될 것이니라."
고 하시면서 다시,
"미륵이여, 비단 내가 교화하고 있는 이 사바세계에 있는 보살들만이 저 극락세계에 태어나는 것이 아니라 다른 부처님 행성에서도 또한 수많은 중생들이 복덕을 쌓아 그 국토에 계속 태어나게 되느니라.

예를 들자면, 그 첫 번째로 원조라는 부처님이 제도하시는 그 우주 행성에서는 백팔십억이나 되는 보살들이 있는데, 그들 모두가 다 극락세계에 왕생하게 될 것이니라.

　두 번째로 보장이라는 부처님이 제도하시는 행성에서는 구십억보살들이 있는데, 그들 모두가 다 극락세계에 태어나게 될 것이며,

　세 번째로 무량음이라는 부처님 밑에는 이백이십억이나 되는 보살들이 있는데, 그들도 모두 극락세계에 가 태어날 것이고,

　네 번째로 감로미라는 부처님이 계시는데, 그분이 다스리는 우주 행성에서는 이백오십억이나 되는 보살들이 모두 극락세계에 왕생할 것이며,

　다섯 번째로 용승이라는 부처님 밑에서 수학하는 십사억이나 되는 보살들이 모두 다 극락세계에 태어나게 될 것이며,

　여섯 번째로 승력이라는 부처님이 제도하시는 만사천 명의 보살들도 모두 다 분명하게 극락세계에 왕생하게 될 것이니라. 그리고 또 일곱 번째로 사자라는 이름을 가진 부처님 아래에서 수학하는 오백 명의 보살들이 모두 다 그 세계에 가 태어나게 될 것이고,

　여덟 번째로 이구광이라는 부처님이 계시는데, 그 부처님에게는 팔십억이나 되는 보살들이 있는데 그들도 모두 확실하게 그 세계에 가 태어나게 될 것이며,

　아홉 번째로 덕수라는 부처님이 제도하시는 육십억 보살들이 모두 다 저 극락세계에 무사히 왕생할 것이고,

　열 번째로 묘덕산이라는 부처님 밑에서 수행을 하는 육십억 보살들도 모두 다 그 세계에 왕생하게 될 것이며,

　열한 번째로 인왕이라는 부처님이 제도하시는 행성에서는 십억 보살들도 모두 다 저 극락세계에 태어나게 될 것이고,

또 열두 번째로 무상화라는 부처님이 계시는데, 그 부처님 밑에는 가히 수로써 헤아릴 수 없을 정도의 수많은 보살들이 있느니라. 그들은 모두 다 불퇴전의 계위에 올라서 지혜가 더없이 심오하고 뛰어난 성자들이니라.

그들은 과거에 한량없는 부처님들을 모셔오면서 그분들께 지성으로 공양을 올려 왔던 보살들이기 때문에 겨우 칠일 동안에 다른 보살들이 백천억 겁 동안 닦아온 견고한 수행법과 맞먹는 공덕을 성취한 보살들이니라. 이제 그들도 모두 저 극락세계에 왕생하게 될 것이니라.

열세 번째로 무외라는 부처님이 제도하시는 행성이 있는데, 그곳에는 칠백구십억이나 되는 큰 보살들과 작은보살들, 그리고 비구스님 등 말로 표현할 수 없을 정도의 수많은 제자들이 있느니라. 그 수많은 제자들도 모두 다 저 극락세계에 분명히 왕생하게 되느니라."

고 하셨습니다.

그리고 또 미륵 보살을 부르시면서,

"미륵이여, 내가 담당하고 있는 이 사바세계를 포함해서 비록 열네 곳의 부처님나라들을 언급했지만 사실은 이 열네 곳에 있는 보살들만이 왕생하는 것이 아니라 시방 허공계에 모래알처럼 많은 한량없는 부처님나라의 모든 수행자들도 또한 그들과 같이 저 극락세계에 확실히 왕생하게 될 것이니라.

그러므로 내가 시방 허공계에 산재해 계시는 일체의 부처님 이름들과, 그분들의 가르침을 받아 극락세계에 태어나게 되는 모든 보살들과 스님들을 빠짐없이 모두 열거한다면 사실 일겁 동안을 밤낮으로 다 말해도 결코 그들을 다 드러내지 못할 정도로 많고도 많으니라. 그러나 다만 그대의 질문에 답해주기 위해서 대충 생각나는 대로 위와 같이 언급했을 뿐이니라."
고 하셨습니다.

제3장
유통분(流通分)

배고픈 아이들은 부유한 옆집을 동경한다.
왜 나는 저런 집안의 자손으로 태어나지 않았을까 하고.
삶에 지친 어른들은 부유한 이웃나라를 부러워한다.
복지제도가 잘 되어 있으므로 노년을 안락하게 보낼 수 있기 때문이다.
그러나 이보다 더 넓은 시야를 갖고 있는 수행자들은
이 세상보다도 더 풍요롭고 더 평화로운 극락의 행성으로 가 태어나고자 한다.
그곳에만 태어나면 부처가 되는 것은
오직 시간 문제일 뿐이기 때문이다.

유아들에게 종이로 만들어진 지폐를 주면 이내 던져 버린다.
그러나 금빛으로 반짝이는 10원짜리를 주면 좋아서 활짝 웃는다.
인간들에게 극락세계를 가르쳐 주면 이내 잊어 버린다.
그러나 장미빛 같은 인생의 이익거리를 제시하면 눈이 번쩍 뜨인다.

어린이들에게 돈이 생기면 소리가 나는 저금통에 넣는다.
확인이 필요하기 때문이다.
어른들에게 돈이 생기면 소리가 필요없는 은행에 넣는다.
소리로 확인하지 않아도 안심할 수 있기 때문이다.
그러나 이보다도 더 넓은 시야를 갖고 있는 수행자들은
극락세계에 공덕을 저축하기 위하여 힘들게 수행한다.
그들에게는 저금통도 저금통장도 필요하지 않다.
이 세계가 바로 거대한 복덕의 은행이 되어 있기 때문이다.

제3장
유통분(流通分)

   그리고 다시 부처님께서 미륵 보살에게,
   "그러므로 그 어떤 중생이든지 간에 무량수 부처님인 아미타불의 이름을 간접적으로 듣게 되었을 때 뛸듯이 기뻐하면서 일념으로 아미타불이라고 염불한다면, 마땅히 알아야 할 것이니라. 그는 곧 엄청난 이익을 얻게 될 것이니라. 왜냐하면 그는 아미타 부처님이 갖고 계시는 현묘한 신통력과 거룩한 본원력에 의해 무량한 최고의 복덕을 완벽하게 성취할 수 있기 때문이니라.
   이러한 이익으로 결국 극락세계에 태어날 수 있는 확실한 길이 열리는 것이 되므로 설사 거대한 불길이 삼천대천세계를 맹렬하게 뒤덮는다 하더라도 그 불길을 뚫고 나가 이 경전의 가르침을 지성으로 듣고자 하는 마음을 반드시 일으켜야 할 것이니라.
   일단 심혈을 기울여 지성으로 듣고 난 뒤에는 이 말씀들을 기쁘게 믿고 가슴에 깊이 담아두어 입으로는 부지런히 독경하고 몸으로는 열심히 실행에 옮겨야 할 것이니라. 왜냐하면 수많은 보살들이 비록 이 경전을 듣고 싶어도 과거에 큰 공덕을 지어 놓지 않았다면 결코 이 경전을 들을 수 없는 비장의 오묘한 가르침이기 때문이니라.

그러므로 만약 어떤 중생이든지 이 경전의 내용을 지성으로 듣게 된다면 그는 이제 절대로 뒤로 물러나지 않는 불퇴전의 계위에 즉각 올라서게 될 것이니라. 그렇기 때문에 그대들은 응당히 지순한 마음으로 순수하게 이 경전을 믿고 그것을 그대로 받아 지녀 부지런히 독경하고 또 열심히 실천에 옮겨야 할 것이니라.

내가 이제 고심 끝에 일체 중생들을 위해 이 『무량수경』을 설하여 주었는데, 이 과정에서 무량수 부처님인 아미타불과 그분이 담당하는 극락세계와 그리고 그곳에서 수행하는 일체 대중들과 또 그곳에 장엄되어 있는 일체 만물들에 이어 그 공덕과 지혜를 모두 다 분명하게 보여주고 또 자세히 설명해 주었느니라.

그러므로 이 경법을 듣고 진정으로 극락세계에 가 태어나고자 지극한 마음을 일으키는 중생들은 모두 다 그들의 소원대로 반드시 그 세계에 분명 왕생하게 될 것이니라. 그렇기 때문에 내가 후일 열반에 든 이후라도 절대로 이 가르침에 대해 의문심을 품거나 의심을 가져서는 아니 될 것이니라.

세월이 오래 지난 먼 훗날에 이 사바세계에서 나의 가르침인 불법이 쇠잔하여 일체의 경전이 없어지는 경우가 오더라도 나는 중생을 가엾게 여기는 자비심을 끝까지 내어 이 무량수경만은 특별히 이 세계에 백 년은 더 오래 머물러 지속되게 할 것이니라.

그래서 누구든지 이 무량수경을 만나서 그 가르침을 따라 의심없이 실천에 옮기는 인연 있는 중생들은 그들의 간절한 소망대로 모두 다 극락세계에 기필코 왕생하도록 할 것이니라."
고 하셨습니다.

그리고 다시 미륵 보살에게 말씀하시기를,

"한 분의 부처가 이 사바세계에 나타날 때 그분을 직접 만나 뵙는 다는 것은 정말 어려운 일이니라. 더군다나 그분이 설법하신 경전을 배워 이해한다는 것 또한 진정 어려운 일이 되느니라.

그리고 그 말씀에 따라 보살이 닦아야 하는 최고의 길인 바라밀을 실행한다는 것 또한 매우 어려운 일이 되는 것이며, 불법을 설하는 곳에 나아가 그 설법을 전해 듣고서 그 가르침대로 실천에 옮기고자 마음을 낸다는 것 또한 역시 대단히 어려운 일이 되느니라.

그러나 누구든지 이 무량수경의 말씀을 듣고 진솔하게 믿고 즐거운 마음으로 실행에 옮기는 것이야말로 그 어떤 어려움보다도 가장 어려운 것이 되느니라. 얼마나 어려운지 이 사바세계에서 이보다 더 어려운 것은 정말 없을 것이니라.

이렇게 고귀한 경전을 나는 그대와 같은 신실한 수행자들을 위하여 이러한 법회를 과감하게 열었고, 결코 믿기지 않는 아미타 부처님과 극락세계에 대해서도 사실 그대로 해설해 왔으며, 누구든지 그 세계에 태어나고자 간절히 발원할 때는 어떠한 방법을 써야 그 세계에 틀림없이 태어날 수 있는지에 대해서도 상세하게 설명해 주었으니 너희들은 응당히 순수한 마음으로 이 설법을 믿고 부지런히 몸소 실천해야 할 것이니라."

고 간곡히 당부하셨습니다.

석가모니 부처님께서 이 무량수경을 거의 다 해설하자 한량없는 중생들이 모두다 올바르게 깨닫고자 하는 위없는 마음을 일으켰습니다.

그 중에서 일만이천을 수억 배나 곱한 숫자보다도 더 많은 사람들이 일체 만법을 여실히 꿰뚫어볼 수 있는 청정한 법의 눈을 성취하였고, 이십이억이나 되는 모든 하늘과 지상사람들이 미혹의 중생세계에 두 번 다시 돌아가지 않는 아나함과의 증과를 얻었으며, 팔십만이나 되는 비구스님들은 모든 번뇌를 완전히 없애고 누진통을 얻어 아라한과를 얻었었고, 사십억이나 되는 보살들은 결코 뒤로 물러남이 없는 불퇴전의 계위에 오르게 되었습니다.

그들은 모두다 중생들을 끝없이 제도하려는 큰 서원을 세우고 수많은 공덕을 닦으면서 스스로를 장엄하여 이 다음 세상에서는 반드시 부처를 이룰 분들이 되었습니다.

그 장관을 이룬 법회가 거의 마무리되어 가고 있을 때 부처님의 설법에 감동된 삼천대천세계가 여섯 가지로 크게 진동을 하고 수많은 부처님들이 쏟아내는 지혜의 광명이 어우러져 시방 허공계의 모든 세계를 두루 비추었습니다.

그 때 하늘에서는 천인(天人)들이 백천 가지나 되는 음악을 그윽하게 연주하였으며, 헤아릴 수 없는 아름다운 천상의 꽃들이 눈송이처럼 흩날리며 아래로 쏟아져 내렸습니다.

드디어 석가모니 부처님께서 이 무량수경을 완전히 다 설해 마치시자 미륵 보살을 중심으로 시방 허공계에서 모여든 수많은 보살들과 저 아난을 비롯한 모든 제자들에 이어 일체의 대중들이 모두다 크게 감동되어 끝없는 환희심을 내었는데, 정말 한 사람도 기뻐하지 아니 하는 자가 없었습니다.

불설무량수경(終)

제4장
불설무량수경(佛說無量壽經) 한자 원문

이 세상에서 부유하게 살고 싶은가.
그렇다면 악한 마음을 가져라.
이 세상에서 궁핍하게 살고 싶은가.
그렇다면 선한 마음을 가져라.

이것이 바로 말세를 살아가는
사바세계의 인간 처세술이다.
그렇지 않다면
왜
인간말세라고 울부짖겠는가.

말세는 말세다워야 한다.
선한 사람들이 잘 사는 세상이라면
왜 말세라는 말로 탄식하겠는가.
이 세상은 이미 악한 사람들이 차지해 버렸다.

이런 세상에 또 다시 태어난다는 것은
사슴이 늑대굴로 겁없이 들어가는 격이다.
선한 사람들은 이제 이곳을 피하여야 한다.
안락과 평화가 넘치는 극락세계로 이주해야 한다.

남아 있는 생명력을 다해
부지런히 공덕을 닦아야 한다.
그리고 끊임없이 염불을 해야 한다.
이것이 이 말세를 살아가는 선한 사람들에게
주어진 일생일대의 고귀한 몫인 것이다.

제4장
불설무량수경(佛說無量壽經) 한자 원문

曹魏天竺三藏康僧鎧 譯

我聞如是一時佛住王舍城耆闍崛山中與大比丘衆萬二千人俱一切大聖神
通已達其名曰尊者了本際尊者正願尊者正語尊者大號尊者仁賢尊者離垢
尊者名聞尊者善實尊者具足尊者牛王尊者優樓頻螺迦葉尊者伽耶迦葉尊
者那提迦葉尊者摩訶迦葉尊者舍利弗尊者大目犍連尊者劫賓那尊者大住
尊者大淨志尊者摩訶周那尊者滿願子尊者離障尊者流灌尊者堅伏尊者面
王尊者異乘尊者仁性尊者嘉樂尊者善來尊者羅云尊者阿難皆如斯等上首
者也又與大乘衆菩薩俱普賢菩薩妙德菩薩慈氏菩薩等此賢劫中一切菩薩
又賢護等十六正士善思議菩薩信慧菩薩空無菩薩神通華菩薩光英菩薩慧
上菩薩智幢菩薩寂根菩薩願慧菩薩香象菩薩寶英菩薩中住菩薩制行菩薩
解脫菩薩皆遵普賢大士之德具諸菩薩無量行願安住一切功德之法遊步十
方行權方便入佛法藏究竟彼岸於無量世界現成等覺處兜率天弘宣正法捨
彼天宮降神母胎從右脅生現行七步光明顯耀普照十方無量佛土六種震動
擧聲自稱吾當於世爲無上尊釋梵奉侍天人歸仰示現算計文藝射御博綜道
術貫練羣籍遊於後園講武試藝現處宮中色味之間見老病死悟世非常棄國
財位入山學道服乘白馬寶冠瓔珞遣之令還捨珍妙衣而著法服剃除鬚髮端
坐樹下勤苦六年行如所應現五濁刹隨順羣生示有塵垢沐浴金流天按樹枝
得攀出池靈禽翼從往詣道場吉祥感徵表章功祚哀受施草敷佛樹下跏趺而

坐奮大光明使魔知之魔率官屬而來逼試制以智力皆令降伏得微妙法成最正覺釋梵祈勸請轉法輪以佛遊步佛吼而吼扣法鼓吹法螺執法劍建法幢震法雷曜法電澍法雨演法施常以法音覺諸世間光明普照無量佛土一切世界六種震動總攝魔界動魔宮殿衆魔慴怖莫不歸伏摑裂邪網消滅諸見散諸塵勞壞諸欲塹嚴護法城開闡法門洗濯垢汙顯明淸白光融佛法宣流正化入國分衛獲諸豊饍貯功德示福田欲宣法現欣笑以諸法藥救療三苦顯現道意無量功德授菩薩記成等正覺示現滅度拯濟無極消除諸漏植衆德本具足功德微妙難量遊諸佛國普現道教其所修行淸淨無穢譬如幻師現衆異像爲男爲女無所不變本學明了在意所爲此諸菩薩亦復如是學一切法貫綜縷練所住安諦靡不感化無數佛土皆悉普現未曾慢恣愍傷衆生如是之法一切具足菩薩經典究暢要妙名稱普至道御十方無量諸佛咸共護念佛所住者皆已得住大聖所立而皆已立如來道化各能宣布爲諸菩薩而作大師以甚深禪慧開導衆生通諸法性達衆生相明了諸國供養諸佛化現其身猶如電光善學無畏之網曉了幻化之法壞裂魔網解諸纏縛超越聲聞緣覺之地得空無相無願三昧善立方便顯示三乘於此化終而現滅度亦無所作亦無所有不起不滅得平等法具足成就無量總持百千三昧諸根智慧廣普寂定深入菩薩法藏得佛華嚴三昧宣揚演說一切經典住深定門悉覩現在無量諸佛一念之頃無不周徧濟諸劇難諸閑不閑分別顯示眞實之際得諸如來辯才之智入衆言音開化一切超過世間諸所有法心常諦住度世之道於一切萬物而隨意自在爲諸庶類作不請之友荷負羣生爲之重擔受持如來甚深法藏護佛種性常使不絕興大悲愍衆生演慈辯授法眼杜三趣開善門以不請之法施諸黎庶如純孝之子愛敬父母於諸衆生視若自己一切善本皆度彼岸悉獲諸佛無量功德智慧聖明不可思議如是菩薩無量大士不可稱計一時來會爾時世尊諸根悅豫姿色淸淨光顏巍巍尊者阿難承佛聖旨卽從座起偏袒右肩長跪合掌而白佛言今日世尊諸根悅豫姿色淸淨光顏巍巍如明鏡淨影暢表裏威容顯耀超絕無量未嘗瞻覩殊妙如今唯然大聖我心念言今日世尊住奇特之法今日世雄住諸佛所

住今日世眼住導師之行今日世英住最勝之道今日天尊行如來之德去來現
在佛佛相念得無今佛念諸佛耶何故威神光光乃爾於是世尊告阿難曰云何
阿難諸天敎汝來問佛耶自以慧見問威顔乎阿難白佛無有諸天來敎我者自
以所見問斯義耳佛言善哉阿難所問甚快發深智慧眞妙辯才愍念衆生問斯
慧義如來以無盡大悲矜哀三界所以出興於世光闡道敎欲拯濟羣萌惠以眞
實之利無量億劫難値難見猶靈瑞華時時乃出今所問者多所饒益開化一切
諸天人民阿難當知如來正覺其智難量多所導御慧見無礙無能遏絕以一餐
之力能住壽命億百千劫無數無量復過於此諸根悅豫不以毀損姿色不變光
顔無異所以者何如來定慧究暢無極於一切法而得自在阿難諦聽今爲汝說
對曰唯然願樂欲聞佛告阿難乃往過去久遠無量不可思議無央數劫錠光如
來興出於世敎化度脫無量衆生皆令得道乃取滅度次有如來名曰光遠次名
月光次名栴檀香次名善山王次名須彌天冠次名須彌等曜次名月色次名正
念次名離垢次名無著次名龍天次名夜光次名安明頂次名不動地次名瑠璃
妙華次名瑠璃金色次名金藏次名炎光次名炎根次名地種次名月像次名日
音次名解脫華次名莊嚴光明次名海覺神通次名水光次名大香次名離塵垢
次名捨厭意次名寶炎次名妙頂次名勇立次名功德持慧次名蔽日月光次名
日月瑠璃光次名無上瑠璃光次名最上首次名菩提華次名月明次名日光次
名華色王次名水月光次名除癡冥次名度蓋行次名淨信次名善宿次名威神
次名法慧次名鸞音次名師子音次名龍音次名處世如此諸佛皆悉已過爾時
次有佛名世自在王如來應供等正覺明行足善逝世間解無上士調御丈夫天
人師佛世尊時有國王聞佛說法心懷悅豫尋發無上正眞道意棄國損王行作
沙門號曰法藏高才勇哲與世超異詣世自在王如來所稽首佛足右繞三匝長
跪合掌以頌讚曰光顔巍巍威神無極如是炎明無與等者日月摩尼珠光燄耀
皆悉隱蔽猶如聚墨如來顔容超世無倫正覺大音響流十方 戒聞精進三昧智
慧威德無侶殊勝希有深諦善念諸佛法海窮深盡奧究其涯底無明欲怒 世尊
永無人雄師子神德無量功勳廣大智慧深妙光明威相震動大千願我作佛齊

聖法王過度生死摩不解脫布施調意戒忍精進如是三昧智慧爲上吾誓得佛普行此願一切恐懼爲作大安假令有佛百千億萬無量大聖數如恆沙供養一切斯等諸佛不如求道堅正不卻譬如恆沙諸佛世界復不可計無數刹土光明悉照徧此諸國如是精進威神難量令我作佛國土第一其衆奇妙道場超絕國如泥洹而無等雙我當愍哀度脫一切十方來生心悅清淨已至我國快樂安隱幸佛明信是我眞證發願於彼力精所欲十方世尊智慧無礙常令此尊知我心行假使身止諸苦毒中我行精進忍終不悔佛告阿難法藏比丘說此頌已而白佛言唯然世尊我發無上正覺之心願佛爲我廣宣經法我當修行攝取佛國清淨莊嚴無量妙土令我於世速成正覺拔諸生死勤苦之本佛告阿難時世自在王佛語法藏比丘如所修行莊嚴佛土汝自當知比丘白佛斯義弘深非我境界唯願世尊廣爲敷演諸佛如來淨土之行我聞此已當知說修行成滿所願爾時世自在王佛知其高明志願深廣即爲法藏比丘而說經言譬如大海一人斗量經歷劫數尚可窮底得其妙寶人有至心精求道不止會當剋果何願不得於是世自在王佛即爲廣說二百一十億諸佛刹土天人之善惡國土之麤妙應其心願悉現與之時彼比丘聞佛所說嚴淨國土皆悉覩見起發無上殊勝之願其心寂靜志無所著一切世間無能及者具足五劫思惟攝取莊嚴佛國清淨之行阿難白彼彼佛國土壽量幾何佛言其佛壽命四十二劫時法藏比丘攝取二百一十億諸佛妙土清淨之行如是修已詣彼佛所稽首禮足繞佛三帀合掌而住白佛言世尊我已攝取莊嚴佛土清淨之行佛告比丘汝今可說宜知是時發起悅可一切大衆菩薩聞已修行此法緣致滿足無量大願比丘白佛唯垂聽察如我所願當具說之設我得佛國有地獄餓鬼畜生者不取正覺設我得佛國中天人壽終之後復更三惡道者不取正覺設我得佛國中天人不悉眞金色者不取正覺設我得佛國中天人形色不同有好醜者不取正覺設我得佛國中天人不識宿命下至知百千億那由他諸劫事者不取正覺設我得佛國中天人不得天眼下至見百千億那由他諸佛國者不取正覺設我得佛國中天人不得天耳下至聞百千億那由他諸佛所說不悉受持者不取正覺設我得佛國中天人不得

見他心智下至知百千億那由他諸佛國中衆生心念者不取正覺設我得佛國
中天人不得神足於一念頃下至不能超過百千億那由他諸佛國者不取正覺
設我得佛國中天人若起想念貪計身者不取正覺設我得佛國中天人不住定
聚必至滅度者不取正覺設我得佛光明有限量下至不照百千億那由他諸佛
國者不取正覺設我得佛壽命有限量下至百千億那由他劫者不取正覺設我
得佛國中聲聞有能計量乃至三千大千世界衆生悉成緣覺於百千劫悉共計
挍知其數者不取正覺設我得佛國中天人壽命無能限量除其本願修短自在
若不爾者不取正覺設我得佛國中天人乃至聞有不善名者不取正覺設我得
佛十方世界無量諸佛不悉咨嗟稱我名者不取正覺設我得佛十方衆生至心
信樂欲生我國乃至十念若不生者不取正覺唯除五逆誹謗正法設我得佛十
方衆生發菩提心修諸功德至心發願欲生我國臨壽終時假令不與大衆圍繞
現其人前者不取正覺設我得佛十方衆生聞我名號繫念我國植衆德本至心
迴向欲生我國不果遂者不取正覺設我得佛國中天人不悉成滿三十二大人
相者不取正覺設我得佛他方佛土諸菩薩衆來生我國究竟必至一生補處除
其本願自在所化爲衆生苦被弘誓鎧積累德本度脫一切遊諸佛國修菩薩行
供養十方諸佛如來開化恆沙無量衆生使立無上正眞之道超出常倫諸地之
行現前修習普賢之德若不爾者不取正覺設我得佛國中菩薩承佛神力供養
諸佛一食之頃不能徧至無數無量億那由他諸佛國者不取正覺設我得佛國
中菩薩在諸佛前現其德本諸所求欲供養之具若不如意者不取正覺設我得
佛國中菩薩不能演說一切智者不取正覺設我得佛國中菩薩得金剛那羅延
身者不取正覺設我得佛國中天人一切萬物嚴淨光麗形色殊特窮微極妙無
能稱量其諸衆生乃至逮得天眼有能明了辨其名數者不取正覺設我得佛國
中菩薩乃至少功德者不能知見其道場樹無量光色高四百萬里者不取正覺
設我得佛國中菩薩若受讀經法諷誦持說而不得辯才智慧者不取正覺設我
得佛國中菩薩智慧辯才若可限量者不取正覺設我得佛土清淨皆悉照見
十方一切無量無數不可思議諸佛世界猶如明鏡覩其面像若不爾者不取正

覺設我得佛自地以上至於虛空宮殿樓觀池流華樹國土所有一切萬物皆以無量雜寶百千種香而共合成嚴飾奇妙超諸天人其香普熏十方世界菩薩聞者皆修佛行若不如是不取正覺設我得佛十方無量不可思議諸佛世界衆生之類蒙我光明觸其身者身心柔軟超過天人若不爾者不取正覺設我得佛十方無量不可思議諸佛世界衆生之類聞我名字不得菩薩無生法忍諸深總持者不取正覺設我得佛十方無量不可思議諸佛世界其有女人聞我名字歡喜信樂發菩提心厭惡女身壽終之後復爲女像者不取正覺設我得佛十方無量不可思議諸佛世界諸菩薩衆聞我名字壽終之後常修梵行至成佛道若不爾者不取正覺設我得佛十方無量不可思議諸佛世界諸天人民聞我名字五體投地稽首作禮歡喜信樂修菩薩行諸天世人莫不致敬若不爾者不取正覺設我得佛國中天人欲得衣服隨念即至如佛所讚應法妙服自然在身有求裁縫擣染浣濯者不取正覺設我得佛國中天人所受快樂不如漏盡比丘者不取正覺設我得佛國中菩薩隨意欲見十方無量嚴淨佛土應時如願於寶樹中皆悉照見猶如明鏡覩其面像若不爾者不取正覺設我得佛他方國土諸菩薩衆聞我名字至於得佛諸根缺陋不具足者不取正覺設我得佛他方國土諸菩薩衆聞我名字皆悉逮得清淨解脫三昧住是三昧一發意頃供養無量不可思議諸佛世尊而不失定意若不爾者不取正覺設我得佛他方國土諸菩薩衆聞我名字壽終之後生尊貴家若不爾者不取正覺設我得佛他方國土諸菩薩衆聞我名字歡喜踊躍修菩薩行具足德本若不爾者不取正覺設我得佛他方國土諸菩薩衆聞我名字皆悉逮得普等三昧住是三昧至於成佛常見無量不可思議一切諸佛若不爾者不取正覺設我得佛國中菩薩隨其志願所欲聞法自然得聞若不爾者不取正覺設我得佛他方國土諸菩薩衆聞我名字不即得至不退轉者不取正覺設我得佛他方國土諸菩薩衆聞我名字不即得至第一第二第三法忍於諸佛法不能即得不退轉者不取正覺佛告阿難爾時法藏比丘說此願已以偈頌曰我建超世願必至無上道斯願不滿足誓不成等覺我於無量劫不爲大施主普濟諸貧苦誓不成等覺我至成佛道名聲超十方究竟靡不聞誓

不成等覺離欲深正念淨慧修梵行志求無上尊爲諸天人師神力演大光普照無際土消除三垢冥明濟衆厄難開彼智慧眼滅此昏盲暗閉塞諸惡道通達善趣門功祚成滿足威曜朗十方日月戢重暉天光隱不現爲衆開法藏廣施功德寶常於大衆中說法師子吼供養一切佛具足衆德本願慧悉成滿得爲三界雄如佛無礙智通達靡不照願我功德力等此最勝尊斯願若剋果大千應感動虛空諸天神當雨珍妙華佛語阿難法藏比丘說此頌已應時普地六種震動天雨妙華以散其上自然音樂空中讚言決定必成無上正覺於是法藏比丘具足修滿如是大願誠諦不虛超出世間深樂寂滅阿難法藏比丘於其佛所諸天魔梵龍神八部大衆之中發斯弘誓建此願已一向專志莊嚴妙土所修佛國開廓廣大超勝獨妙建立常然無衰無變於不可思議兆載永劫積植菩薩無量德行不生欲覺瞋覺害覺不起欲想瞋想害想不著色聲香味觸法忍力成就不計衆苦少欲知足無染恚癡三昧常寂智慧無礙無有虛僞諂曲之心和顏愛語先意承問勇猛精進志願無倦專求清白之法以惠利羣生恭敬三寶奉事師長以大莊嚴具足衆行令諸衆生功德成就住空無相無願之法無作無起觀法如化遠離麤言自害害彼此俱害修習善語自利利人人我兼利棄國損王絶去財色自行六波羅蜜教人令行無央數劫積功累德隨其生處在意所欲無量寶藏自然發應敎化安立無數衆生住於無上正眞之道或爲長者居士豪姓尊貴或爲刹利國君轉輪聖帝或爲六欲天王乃至梵王常以四事供養恭敬一切諸佛如是功德不可稱說口氣香潔如優鉢羅華身諸毛孔出栴檀香其香普熏無量世界容色端正相好殊妙其手常出無盡之寶衣服飲食珍妙華香繒蓋幢旛莊嚴之具如是等事超諸天人於一切法而得自在阿難白佛法藏菩薩爲已成佛而取滅度爲未成佛爲今現在佛告阿難法藏菩薩今已成佛現在西方去此十萬億刹其佛世界名曰安樂阿難又問其佛成道已來爲經幾時佛言成佛已來凡歷十劫其佛國土自然七寶金銀瑠璃珊瑚琥珀硨磲碼碯合成爲地恢廓曠蕩不可限極悉相雜廁轉相間入光赫煜爍微妙奇麗清淨莊嚴超踰十方一切世界衆寶中精其寶猶如第六天寶又其國土無須彌山及金剛圍一切諸山亦無大

불설무량수경 191

海小海溪渠井谷佛神力故欲見則見亦無地獄餓鬼畜生諸難之趣亦無四時春秋冬夏不寒不熱常和調適爾時阿難白佛言世尊若彼國土無須彌山其四天王及忉利天依何而住佛語阿難 第三炎天乃至色究竟天皆依何住阿難白佛行業果報不可思議佛語阿難行業果報不可思議諸佛世界亦不可思議其諸衆生功德善力住行業之地故能爾耳阿難白佛我不疑此法但爲將來衆生欲除其疑惑故問斯義佛告阿難無量壽佛威神光明最尊第一諸佛光明所不能及或照百佛世界或千佛世界取要言之乃照東方恆沙佛刹南西北方四維上下亦復如是或有佛光照於七尺或一由旬二三四五由旬如是轉倍乃至照一佛刹是故無量壽佛號無量光佛無邊光佛無礙光佛無對光佛炎王光佛清淨光佛歡喜光佛智慧光佛不斷光佛難思光佛無稱光佛超日月光佛其有衆生遇斯光者三垢消滅身意柔軟歡喜踊躍善心生焉若在三塗極苦之處見此光明皆得休息無復苦惱壽終之後皆蒙解脫無量壽佛光明顯赫照曜十方諸佛國土莫不聞焉不但我今稱其光明一切諸佛聲聞緣覺諸菩薩衆咸共歎譽亦復如是若有衆生聞其光明威神功德日夜稱說至心不斷隨意所願得生其國爲諸菩薩聲聞之衆所共歎譽稱其功德至其最後得佛道時普爲十方諸佛菩薩歎其光明亦如今也佛言我說無量壽佛光明威神巍巍殊妙晝夜一劫尚未能盡佛語阿難又無量壽佛壽命長久不可稱計汝寧知乎假使十方世界無量衆生皆得人身悉令成就聲聞緣覺都共集會禪思一心竭其智力於百千萬劫悉共推算計其壽命長遠之數不能窮盡知其限極聲聞菩薩天人之衆壽命長短亦復如是非算數譬喻所能知也又聲聞菩薩其數難量不可稱說神智洞達威力自在能於掌中持一切世界佛語阿難彼佛初會聲聞衆數下可稱計菩薩亦然如大目犍連百千萬億無量無數於阿僧祇那由他劫乃至滅度悉共計挍不能究了多少之數譬如大海深廣無量假使有人析其一毛以爲百分以一分毛沾取一渧於意云何其所渧者於彼大海何所爲多阿難白佛彼所渧水比於大海多少之量非巧歷算數言辭譬類所能知也佛語阿難如目連等於百千萬億那由他劫計彼初會聲聞菩薩所知數者猶如一渧其所不知如大海水又

其國土七寶諸樹周滿世界金樹銀樹瑠璃樹玻瓈樹珊瑚樹碼碯樹硨磲之樹或有二寶三寶乃至七寶轉共合成或有金樹銀葉華果或有銀樹金葉華果或瑠璃樹玻瓈爲葉華果亦然或水精樹瑠璃爲葉華果亦然或珊瑚樹碼碯爲葉華果亦然或碼碯樹瑠璃爲葉華果亦然或硨磲樹衆寶爲葉華果亦然或有寶樹紫金爲本白銀爲莖瑠璃爲枝水精爲條珊瑚爲葉碼碯爲華硨磲爲實或有寶樹白銀爲本瑠璃爲莖水精爲枝珊瑚爲條碼碯爲葉硨磲爲華紫金爲實或有寶樹瑠璃爲本水精爲莖珊瑚爲枝碼碯爲條硨磲爲葉紫金爲華白銀爲實或有寶樹精爲本珊瑚爲莖碼碯爲枝硨磲爲條紫金爲葉白銀爲華瑠璃爲實或有寶樹珊瑚爲本碼碯爲莖硨磲爲枝紫金爲條白銀爲葉瑠璃爲華水精爲實或有寶樹碼碯爲本硨磲爲莖紫金爲枝白銀爲條瑠璃爲葉水爲華珊瑚爲實或有寶樹硨磲爲本紫金爲莖白銀爲枝瑠璃爲條水精爲葉珊瑚爲華碼碯爲實行行相値莖莖相望枝枝相準葉葉相向華華相順實實相當榮色光曜不可勝視淸風時發出五音聲微妙宮商自然相和又無量壽佛其道場樹高四百萬里其本周圍五千由旬枝葉四布二十萬里 一切衆寶自然合成以月光摩尼持海輪寶衆寶之王而莊嚴之周帀條間垂寶瓔珞百千萬色種種異變無量光炎照曜無極珍妙寶網羅覆其上一切莊嚴隨應而現微風徐動吹諸寶樹演出無量妙法音聲其聲流布徧諸佛國聞其音者得深法忍住不退轉至成佛道耳根淸徹不遭苦患目覩其色鼻知其香口嘗其味信觸其光心以法緣皆得甚深法忍住不退轉至成佛道六根淸徹無諸惱患阿難若彼國土天人見此樹者得三法忍一者音響忍二者柔順忍三者無生法忍此皆無量壽佛威神力故本願力故滿足願故明了願故堅固願故究竟願故佛告阿難世間帝王有百千音樂自轉輪聖王乃至第六天上伎樂音聲展轉相勝千億萬倍第六天上萬種樂音不如無量壽國諸七寶樹一種音聲千億倍也亦有自然萬種伎樂又其樂聲無非法音淸暢哀亮微妙和雅十方世界音聲之中最爲第一其講堂精舍宮殿樓觀皆七寶莊嚴自然化成復以眞珠明月摩尼衆寶以爲交絡覆蓋其上內外左右有諸浴池或十由旬或二十三十乃至百千由旬縱廣深淺皆各一等八功德

水湛然盈滿清淨香潔味如甘露黃金池者底白銀沙白銀池者底黃金沙水精池者底瑠璃沙瑠璃池者底水精沙珊瑚池者底琥珀沙琥珀池者底珊瑚沙硨磲池者底碼碯沙碼碯池者底硨磲沙白玉池者底紫金沙紫金池者底白玉沙或有二寶三寶乃至七寶轉共合成其池岸上有栴檀樹華葉垂布香氣普熏天優鉢羅華鉢曇摩華拘牟頭華分陀利華雜色光茂彌覆水上彼諸菩薩及聲聞眾若入寶池意欲令水沒足水即沒足欲令至膝即至於膝欲令至腰水即至腰欲令至頸水即至頸欲令灌身自然灌身欲令還復水輒還復調和冷暖自然隨意開神悅體蕩除心垢清明澄潔淨若無形寶沙映徹無深不照微瀾迴流轉相灌注安詳徐逝不遲不疾波揚無量自然妙聲隨其所應莫不聞者或聞佛聲或聞法聲或聞僧聲或寂靜聲空無我聲大慈悲聲波羅蜜聲或十力無畏不共法聲諸通慧聲無所作聲不起滅聲無生忍聲乃至甘露灌頂眾妙法聲如是等聲稱其所聞歡喜無量隨順清淨離欲寂滅真實之義隨順三寶力無所畏不共之法隨順通慧菩薩聲聞所行之道無有三塗苦難之名但有自然快樂之音是故其國名曰極樂阿難彼佛國土諸往生者具足如是清淨色身諸妙音聲神通功德所處宮殿衣服飲食眾妙華香莊嚴之具猶第六天自然之物若欲食時七寶鉢器自然在前金銀瑠璃硨磲碼碯珊瑚琥珀明月真珠如是諸鉢隨意而至百味飲食自然盈滿雖有此食實無食者但見色聞香意以為食自然飽足身心柔軟無所味著事已化去時至復現彼佛國土清淨安隱微妙快樂次於無為泥洹之道其諸聲聞菩薩天人智慧高明神通洞達咸同一類形無異狀但因順餘方故有天人之名顏貌端正超世希有容色微妙非天非人皆受自然虛無之身無極之體佛告阿難譬如世間貧窮乞人在帝王邊形貌容狀寧可類乎阿難白佛假令此人在帝王邊羸陋醜惡無以為喻百千萬億不可計倍所以然者貧窮乞人底極斯下衣不蔽形食趣支命飢寒困苦人理殆盡皆坐前世不植德本積財不施富有益慳但欲唐得貪求無厭不信修善犯惡山積如是壽終財寶消散苦身聚積為之憂惱於己無益徒為他有無善可怙無德可恃是故死墮惡趣受此長苦罪畢得出生為下賤愚鄙斯極示同人類所以世間帝王人中獨尊皆由宿

世積德所致慈惠博施仁愛兼濟履信修善無所違爭是以壽終福應得升善道
上生天上亨茲福樂積善餘慶今得爲人乃生王家自然尊貴儀容端正衆所敬
事妙衣珍饍隨心服御宿福所追故能致此佛告阿難汝言是也計如帝王雖人
中尊貴形色端正此之轉輪聖王甚爲鄙陋猶彼乞人在帝王邊也轉輪聖王威
相殊妙天下第一此之忉利天王又復醜惡不得相喩萬億倍也假令天帝比第
六天王百千億倍不相類也設第六天王比無量壽佛國菩薩聲聞光顏容色不
相及逮百千萬億不可計倍佛告阿難無量壽佛國其諸天人衣服飮食華香瓔
珞繪蓋幢旛微妙音聲所居舍宅宮殿樓閣稱其形色高下大小或一寶二寶乃
至無量衆寶隨意所欲應念卽至又以衆寶妙衣徧布其地一切天人踐之而行
無量寶網彌覆佛土皆以金縷眞珠百千雜寶奇妙珍異莊嚴校飾周帀四面垂
以寶鈴光色晃曜盡極嚴麗自然德風徐起微動其風調和不寒不暑溫凉柔軟
不遲不疾吹諸羅網及衆寶樹演發無量微妙法音流布萬種溫雅德香其有聞
者塵勞垢習自然不起風觸其身皆得快樂譬如比丘得滅盡三昧又風吹散華
徧滿佛土隨色次第而不雜亂柔軟光澤馨香芬烈足履其上蹈下四寸隨擧足
已還復如故華用已訖地輒開裂以次化沒淸淨無遺隨其時節風吹散華如是
六反又衆寶蓮華周滿世界一一寶華百千億葉其華光明無量種色靑色靑光
白色白光玄黃朱紫光色赫然煒燁煥爛明曜日月一一華中出三十六百千億
光一一光中出三十六百千億佛身色紫金相好殊特一一諸佛又放百千光明
普爲十方說微妙法如是諸佛各各安立無量衆生於佛正道佛告阿難其有衆
生生彼國者皆悉住於正定之聚所以者何彼佛國中無諸邪聚及不定聚十方
恆沙諸佛如來皆共讚歎無量壽佛威神功德不可思議諸有衆生聞其名號信
心歡喜乃至一念至心迴向願生彼國卽得往生住不退轉唯除五逆誹謗正法
佛告阿難十方世界諸天人民其有至心願生彼國凡有三輩其上輩者捨家棄
欲而作沙門發菩提心一向專念無量壽佛修諸功德願生彼國次等衆生臨壽
終時無量壽佛如諸大衆現其人前卽隨彼佛往生其國便於七寶華中自然化
生住不退轉智慧勇猛神通自在是故阿難其有衆生欲於今世見無量壽佛應

불설무량수경　195

發無上菩提之心修行功德願生彼國佛告阿難其中輩者十方世界諸天人民其有至心願生彼國雖不能行作沙門大修功德當發無上菩提之心一向專念無量壽佛多少修善奉持齋戒起立塔像飯食沙門懸繒然燈散華燒香以此迴向願生彼國其人臨終無量壽佛化現其身光明相好具如眞佛與諸大衆現其人前即隨化佛往生其國住不退轉功德智慧次如上輩者也佛告阿難其下輩者十方世界諸天人民其有至心欲生彼國假使不能作諸功德當發無上菩提之心一向專意乃至十念念無量壽佛願生其國若聞深法歡喜信樂不生疑惑乃至一念念於彼佛以至誠心願生其國此人臨終夢見彼佛亦得往生功德智慧次如中輩者也佛告阿難無量壽佛威神無極十方世界無量無邊不可思議諸佛如來莫不稱歎於彼東方恆河沙佛國無量無數諸菩薩衆皆悉往詣無量壽佛所恭敬供養及諸菩薩聲聞之衆聽受經法宣布道化南西北方四維上下亦復如是爾時世尊而說頌曰東方諸佛國其數如恆沙彼土菩薩衆往覲無量覺南西北四維上下亦復然彼土菩薩衆往覲無量覺一切諸菩薩各賫天妙華寶香無價衣供養無量覺咸然奏天樂暢發和雅音歌歎最勝尊供養無量覺究達神通慧遊入深法門具足功德藏妙智無等倫慧日朗世間消除生死雲恭敬繞三帀稽首無上尊見彼嚴淨土微妙難思議因發無量心願我國亦然應時無量尊動容發欣笑口出無數光徧照十方國迴光圍繞身三帀從頂入一切天人衆踊躍皆歡喜大士觀世音整服稽首問白佛何緣笑唯然願說意梵聲猶雷震入音暢妙響當授菩薩記今說仁諦聽十方來正士吾悉知彼願志求嚴淨土受決當作佛覺了一切法猶如夢幻響滿足諸妙願必成如是刹知法如電影究竟菩薩道具諸功德本受決當作佛通達諸法性一切空無我專求淨佛土必成如是刹諸佛告菩薩令覲安養佛聞法樂受行疾得清淨處至彼嚴淨國便速得神通必於無量尊受記成等覺其佛本願力聞名欲往生皆悉到彼國自致不退轉菩薩興至願願己國無異普念度一切名顯滿十方奉事億如來飛化徧諸刹恭敬歡喜去還到安養國人無善心不得聞此經清淨有戒者乃獲聞正法曾更見世尊則能信此事謙敬聞奉行踊躍大歡喜憍慢弊懈怠難以信此法宿世見諸

佛樂聽如是教聲聞或菩薩莫能究聖心譬如從生盲欲行開導人如來智慧海深光無涯底二乘非所測唯佛獨明了假使一切人具足皆得道淨慧智本空億劫思佛智窮力極講說盡壽猶不知佛慧無邊際如是致淸淨壽命甚難得佛世亦難値人有信慧難若聞精進求聞法能不忘見敬得大慶則我善親友是故當發意設滿世界火必過要聞法會當成佛道廣度生死流佛告阿難彼國菩薩皆當究竟一生補處除其本願爲衆生故以弘誓功德而者莊嚴普欲度脫一切衆生阿難彼佛國中諸聲聞中身光一尋菩薩光明照百由旬有二菩薩最尊第一威神光明普照三千大千世界阿難白佛彼二菩薩其號云何佛言一名觀世音二名大勢至此二菩薩於此國土修菩提行命終轉化生彼佛國阿難其有衆生生彼國者皆悉具足三十二相智慧成滿深入諸法究暢要妙神通無礙諸根明利其鈍根者成就二忍其利根者得不可計無生法忍又彼菩薩乃至成佛不受惡趣神通自在常識宿命除生他方五濁惡世示現同彼如我國也佛語阿難彼國菩薩承佛威神一食之頃往詣十方無量世界恭敬供養諸佛世尊隨心所念華香伎樂衣蓋幢旛無數無量供養之具自然化生應念卽至珍妙殊特非世所有輒以奉散諸佛及諸菩薩聲聞之衆在虛空中化成華蓋光色昱爍香氣普熏其華周圓四百里者如是轉倍乃覆三千大千世界隨其前後以次化沒其諸菩薩僉然欣悅於虛空中共奏天樂以微妙音歌歎佛德聽受經法歡喜無量供養佛已未食之前忽然輕擧還其本國佛語阿難無量壽佛爲諸聲聞菩薩天人頒宣法時都悉集會七寶講堂廣宣道敎演暢妙法莫不歡喜心解得道卽時四方自然風起吹七寶壽出五音聲無量妙華隨風四散自然供養如是不絕一切諸天皆賷天上百千華香萬種伎樂供養其佛及諸菩薩聲聞之衆普散華香奏諸音樂前後來往更相開避當斯之時熙怡快樂不可勝言佛語阿難生彼佛國諸菩薩等所可講說常宣正法隨順智慧無違無失於其國土所有萬物無我所心無染著心去來進止情無所係隨意自在無所適莫無彼無我無競無訟於諸衆生得大慈悲饒益之心柔潤調伏無忿恨心離蓋淸淨無厭怠心等心勝心深心定心愛法惡法喜法之心滅諸煩惱離惡趣心究竟一切菩薩所行具足成就無

量功德得深禪定諸通明慧遊志七寶修心佛法肉眼清徹靡不分了天眼通達無量無限法眼觀察究竟諸道慧眼見眞能度彼岸佛眼具足覺了法性以無礙智爲人演說等觀三界空無所有志求佛法具諸辯才除滅衆生煩惱之患從如來生解法如如善知集滅音聲方便不欣世語樂在正論修諸善本志崇佛道知一切法皆悉寂滅生身煩惱二餘俱盡聞甚深法心不疑懼常能修行其大悲者深遠微妙靡不覆載究竟一乘至於彼岸決斷疑網慧由心出於佛教法該羅無外智慧如大海三昧如山王慧光明淨超踰日月清白之法具足圓滿猶如雪山照諸功德等一淨故猶如大地淨穢好惡無異心故猶如淨水洗除塵勞諸垢染故猶如火王燒滅一切煩惱薪故猶如大風行諸世界無障礙故猶如虛空於一切有無所著故猶如蓮華於諸世間無染汙故猶如大乘運載羣萌出生死故猶如重雲震大法雷覺未覺故猶如大雨雨甘露法潤衆生故如金剛山衆魔外道不能動故如梵天王於諸善法最上首故如尼拘類樹普覆一切故如優曇鉢華希有難遇故如金翅鳥威伏外道故如衆遊禽無所藏積故猶如牛王無能勝故猶如象王善調伏故如師子王無所畏故曠若虛空大慈等故摧滅嫉心不忌勝故專樂求法心無厭足常欲廣說志無疲倦擊法鼓建法幢曜慧日除癡闇修六和敬常行法施志勇精進心不退弱爲世燈明最勝福田常爲師導等無憎愛唯樂正道無餘欣滅拔諸欲刺以安羣生功慧殊勝莫不尊敬滅三垢障遊諸神通因力緣力意力願力方便之力常力善定力慧力多聞之力施戒忍辱精進禪定智慧之力正念止觀諸通明力如法調伏諸衆生力如是等力一切具足身色相好功德辯才具足莊嚴無與等者恭敬供養無量諸佛常爲諸佛所共稱歎究竟菩薩諸波羅蜜習空無相無願三昧不生不滅諸三昧門遠離聲聞緣覺之地阿難彼諸菩薩成就如是無量功德我但爲汝略言之耳若廣說者百千萬劫不能窮盡佛告彌勒菩薩諸天人等無量壽國聲聞菩薩功德智慧不可稱說又其國土微妙安樂清淨若此何不力爲善念道之自然著於無上下洞達無邊際宜各勤精進努力自求之必得超絶去往生安樂國橫截五惡道惡道自然閉昇道無窮極易往而無人其國不逆違自然之所牽何不棄世事勤行求道德可得極

198

長生壽樂無有極然世人薄俗共諍不急之事於此劇惡極苦之中勤身營務以自給濟無尊無卑無貧無富少長男女共憂錢財有無同然憂思適等屏營愁苦累念積慮爲心走使無有安時有田憂田有宅憂宅牛馬六畜奴婢錢財衣食什物復共憂之重思累息憂念愁怖橫爲非常水火盜賊怨家債主焚漂劫奪消散磨滅憂毒忪忪無有解時結憤心中不離憂惱心堅意固適無縱捨或坐摧碎身亡命終棄損之去莫誰隨者尊貴豪富亦有斯患憂懼萬端勤苦若此結衆寒熱與痛共居貧窮下劣困乏常無無田亦憂欲有田無宅亦憂欲有宅無牛馬六畜奴婢錢財衣食什物亦憂欲有之適有一復少一有是少是思有齊等適欲具有便復糜散如是憂苦當復求索不能時得思想無益身心俱勞坐起不安憂念相隨勤苦若此亦結衆寒熱與痛共居或時坐之終身夭命不散爲善行道進德脩善終身死當獨遠去有所趣向善惡之道莫能知者世間人民父子兄弟夫婦家室中外親屬當相敬愛無相憎嫉有無相通無得貪惜言色常和莫相違戾或時心諍有所恚怒今世恨意微相憎嫉後世轉劇至成大怨所以者何世間之事更相患害雖不卽時應急相破然含毒畜怒結憤精神自然剋識不得相離皆當對生更相報復人在世間愛欲之中獨生獨死獨去獨來當行至趣苦樂之地身自當之無有代者善惡變化殃福異處宿豫嚴待當獨趣入遠到他所莫能見者善惡自然追行所生窈窈冥冥別離久長道路不同會見無期甚難甚難今得相值何不棄衆事各遇強健時努力勤修善精進願度世可得極長生如何不求道安所須待欲何樂乎如是世人不信作善得善爲道得道不信人死更生惠施得福善惡之事都不信之謂之不然終無有是但坐此故且自見之更相瞻視先後同然轉相承受父餘敎令先人祖父素不爲善不識道德身愚神闇心塞意閉死生之趣善惡之道自不能見無有語者吉凶禍福競各作之無一怪也生死常道轉相嗣立或父哭子或子哭父兄弟夫婦更相哭泣顛倒上下無常根本皆當過去不可常保敎語開導信之者少是以生死流轉無有休止如此之人矇冥抵突不信經法心無遠慮各欲快意癡惑愛欲不達於道德迷沒於瞋怒貪狼於財色坐之不得道當更惡趣苦生死無窮已哀哉甚可傷或時室家父子兄弟夫婦一死一

生更相哀愍恩愛思慕憂念結縛心意痛著迭相顧戀窮日卒歲無有解已教語道德心不開明思想恩好不離情欲昏蒙闇塞愚惑所覆不能深思熟計心自端正專精行道決斷世事更旋至竟年壽終盡不能得道無可奈阿總猥憒擾皆貪愛欲惑道者衆悟之者少世間怱怱無可聊賴尊卑上下貧富貴賤勤苦怱務各懷殺毒惡氣窈冥爲妄興事違逆天地不從人心自然非惡先隨與之恣聽所爲待其罪極其壽未終盡便頓奪之下入惡道累世勤苦展轉其中數千億劫無有出期痛不可言甚可哀愍佛告彌勒菩薩諸天人等我今語汝世間之事人用是故坐不得道當熟思計遠離衆惡擇其善者勤而行之愛欲榮華不可常保皆當別離無可樂者遇佛在世當勤精進其有至願生安樂國者可得智慧明達功德殊勝勿得隨心所欲虧負經戒在人後也儻有疑意不解經者可具問佛當爲說之彌勒菩薩長跪白言佛威神尊重所說快善聽佛經語貫心思之世人實爾如佛所言今佛慈愍顯示大道耳目開明長得度脫聞佛所說莫不歡喜諸天人民蠕動之類皆蒙慈恩解脫憂苦佛語教戒甚深甚善智慧明見八方上下去來今事莫不究暢今我衆等所以蒙得度脫皆佛前世求道之時謙苦所致恩德普覆福祿巍巍光明徹照達空無極開入泥洹教授典攬威制消化感動十方無窮無極佛爲法王尊超衆聖普爲一切天人之師隨心所願皆令得道今得值佛復聞無量壽聲靡不歡喜心得開明佛告彌勒汝言是也若有慈敬於佛者實爲大善天下久久乃復有佛今我於此世作佛演說經法宣布道教斷諸疑網拔愛欲之本杜衆惡之源遊步三界無所罣礙典攬智慧衆道之要執持網維昭然分明開示五趣度未度者決正生死泥洹之道彌勒當知汝從無數劫來修菩薩行欲度衆生其已久遠從汝得道至於泥洹不可稱數汝及十方諸天人民一切四衆永劫已來展轉五道憂畏勤苦不可具言乃至今世生死不絕與佛相值聽受經法又復得聞無量壽佛快哉甚善吾助爾喜汝今亦可自厭生死老病痛苦惡露不淨無可樂者宜自決斷端身正行益作諸善修已潔淨洗除心垢言行忠信表裏相應人能自度轉相拯濟精明求願積累善本雖一世勤苦須臾之間後生無量壽國快樂無極長與道德合明永拔生死根本無復貪恚愚癡苦惱之患欲壽一

劫百劫千億萬劫自在隨意皆可得之無爲自然次於泥洹之道汝等宜各精進求心所願無得疑惑中悔自爲過咎生彼邊地七寶宮殿五百歲中受諸厄也彌勒白言受佛重誨專精修學如敎奉行不敢有疑佛告彌勒汝等能於此世端心正意不作衆惡甚爲至德十方世界最無倫匹所以者何諸佛國土天人之類自然作善不大爲惡易可開化今我於此世間作佛處於五惡五痛五燒之中爲最劇苦敎化羣生令捨五惡令去五痛令離五燒降化其意令持五善獲其福德度世長壽泥洹之道佛言何等五惡何等五痛何等五燒何等燒化五惡令持五善獲其福德度世長壽泥洹之道其一惡者諸天人民蠕動之類欲爲衆惡莫不皆然强者伏弱轉相剋賊殘害殺戮迭相吞噬不知修善惡逆無道後受殃罰自然趣向神明記識犯者不赦故有貧窮下賤乞丐孤獨聾盲瘖瘂愚癡弊惡至有尫狂不逮之屬又有尊貴豪富高才明達皆由宿世慈孝修善積德所致世有常道王法牢獄不肯畏愼爲惡入罪受其殃罰求望解脫難得勉出世間有此目前現事壽終後世尤深尤劇入其幽冥轉生受身譬如王法痛苦極刑故有自然三塗無量苦惱轉貿其身改形易道所受壽命或長或短魂神精識自然趣之當獨値向相從共生更相報復無有止已殃惡未盡不得相離展轉其中無有出期難得解脫痛不可言天地之間自然有是雖不卽時卒暴應至善惡之道會當歸之是爲一大惡一痛一燒勤苦如是譬如大火焚燒人身人能於中一心制意端身正行獨作諸善不爲衆惡者身獨度脫獲其福德度世上天泥洹之道是爲一大善也佛言其二惡者世間人民父子兄弟室家夫婦都無義理不順法度奢淫憍縱各欲快意任心自恣更相欺惑心口各異言念無實佞諂不忠巧言諛媚嫉賢謗善陷入怨枉主上不明任用臣下臣下自在機僞多端踐度能行知其形勢在位不正爲其所欺妄損忠良不當天心臣欺其君子欺其父兄弟夫婦中外知識更相欺誑各懷貪欲瞋恚愚癡欲自厚己欲貪多有尊卑上下心俱同然破家亡身不顧前後親屬內外坐之滅族或時室家知識鄕黨市里愚民野人轉共從事更相利害忿成怨結當有慳惜不肯施與愛保貪重心勞身苦如是至竟無所恃怙獨來獨去無一隨者善惡禍福追命所生或在樂處或入苦毒然後乃悔當復何

及世間人民心愚少智見善憎諦不思慕及但欲爲惡妄作非法常懷盜心悕望他利消散磨盡而復求索邪心不正懼人有色不豫思計事至乃悔今世現有王法牢獄隨罪趣向受其殃罰因其前世不信道德不修善本今復爲惡天神剋識別其名籍壽終神逝下入惡道故有自然三塗無量苦惱展轉其中世世累劫無有出期難得解脫痛不可言是爲二大惡二痛二燒勤苦如是譬如大火焚燒人身人能於中一心制意端身正行獨作諸善不爲衆惡者身獨度脫獲其福德度世上天泥洹之道是爲二大善也佛言其三惡世間人民相因寄生共居天地之間處年壽命無能幾何上有賢明長者尊貴豪富下有貧窮廝賤尪劣愚夫中有不善之人常懷邪惡但念淫泆煩滿胸中愛欲交暖坐起不安貪意守惜但欲唐得眄睞細色邪態外逸自妻厭憎私妄出入費損家財事爲非法交結聚會興師相伐攻劫殺戮強奪無道惡心在外不自修業盜竊趣得欲擊成事恐勢迫脅歸給妻子恣心快意極身作樂或於親屬不避尊卑家室中外患而苦之亦復不畏王法禁令如是之惡著於人鬼日月照見神明記識故有自然三塗無量苦惱展轉其中世世累劫無有出期難得解脫痛不可言是爲三大惡三痛三燒勤苦如是譬如大火焚燒人身人能於中一心制意端身正行獨作諸善不爲衆惡者身獨度脫獲其福德度世上天泥洹之道是爲三大善也佛言其四惡者世間人民不念修善轉相教令共爲衆惡兩舌惡口妄言綺語讒賊鬭亂憎嫉善人敗壞賢明於傍快喜不孝二親輕慢師長朋友無信難得誠實尊貴自大謂己有道橫行威勢侵易於人不能自知爲惡無恥自以強健欲人敬難不畏天地神明日月不肯作善難可降化自用偃蹇謂可常爾無所憂懼常懷憍慢如是衆惡天神記識賴其前世頗作福德小善扶接營護助之今世爲惡福德盡滅諸善鬼神各去離之身獨空立無所復依壽命終盡諸惡所歸自然迫促共趣奪之其名籍記在神明殃咎牽引當往趣向罪報自然無從捨離但得前行入於火鑊身心摧碎精神痛苦當斯之時悔復何及天道悶然不得蹉跌故有自然三塗無量苦惱展轉其中世世累劫無有出期難得解脫痛不可言是爲四大惡四痛四燒勤苦如是譬如大火焚燒人身人能於中一心制意端身正行獨作諸善不爲衆惡身獨度脫

獲其福德度世上天泥洹之道是爲四大善也佛言其五惡者世間人民徙倚懈惰不肯作善治身修業家室眷屬飢寒困苦父母教誨瞋目怒應言令不和違戾反逆譬如怨家不如無子取與無節衆共患厭負恩違義無有報償之心貧窮困乏不能復得辜較縱奪放恣遊散串數唐得用自賑給耽酒嗜美飮食無度肆心蕩逸魯扈抵突不識人情強欲抑制見人有善妬嫉惡之無義無禮無所顧難自用識當不可諫曉六親眷屬所資有無不能憂念不惟父母之恩不存師友之義心常念惡口常言惡身常行惡曾無一善不信先聖諸佛經法不信行道可得度世不信死後神明更生不信作善得善爲惡得惡欲殺眞人鬪亂衆僧欲害父母兄弟眷屬六親憎惡願令其死如是世人心意俱然愚癡蒙昧而自以智慧不知生所從來死所趣向不仁不順惡逆天地而於其中悕望僥倖欲求長生會當歸死慈心敎誨令其念善開示生死善惡之趣自然有是易不肯信之苦心與語無益其人心中閉塞意不開解大命將終悔懼交至不豫修善臨窮方悔悔之於後將何及乎天地之間五道分明恢廓窈冥浩浩茫茫善惡報應禍福相承身自當之無誰代者數之自然應期所行殃咎追命無得從捨善人行善從樂入樂從明入明惡人行惡從苦入苦從冥入冥誰能知者獨佛知耳敎語開示信用者少生死不休惡道不絶知是世人難可具盡故有自然三塗無量苦惱展轉其中世世累劫無有出期難得解脫痛不可言是爲五大惡五痛五燒勤苦如是譬如大火焚燒人身人能於中一心制意端身正念言行相副所作至誠所語如語心口不轉獨作諸善不爲衆惡身獨度脫獲其福德度世上天泥洹之道是爲五大善也佛告彌勒吾語汝等是世五惡勤苦若此五痛五燒展轉相生敢作衆惡不修善本皆悉自然入諸惡趣或其今世先被殃病求死不得求生不得罪惡所招示衆見之身死隨行入三惡道苦毒無量自相燋然至其久後共作怨結從小微起遂成大惡皆由貪著財色不能施惠癡欲所迫隨心思想煩惱結縛無有解已厚己諍利無所省錄富貴榮華當時快意不能忍辱不務修善威勢無幾隨以磨滅身坐勞苦久後大劇天道施張自然紏擧綱維羅網上下相應煢煢忪忪當入其中古今有是痛哉可傷佛語彌勒世間如是佛皆哀之以威神力摧滅衆惡悉令就

善棄損所思奉持經戒受行道法無所違失終得度世泥洹之道佛言汝今諸天人民及後世人得佛經語當熟思之能於其中端心正行主上為善率化其下轉相勅令各自端守尊聖敬善仁慈博愛佛語教誨無敢虧負當求度世拔斷生死眾惡之本當離三塗無量憂怖苦痛之道汝等於是廣植德本布恩施惠勿犯道禁忍辱精進一心智慧轉相教化為德立善正心正意齋戒清淨一日一夜勝在無量壽國為善百歲所以者何彼佛國土無為自然皆積眾善無毛髮之惡於此修善十日十夜勝於他方諸佛國中為善千歲所以者何他方佛國為善者多為惡者少福德自然無造惡之地唯此間多惡無有自然勤苦求欲轉相欺殆心勞形困飲苦食毒如是惡務未嘗寧息吾哀汝等天人之類苦心誨喻教令修善隨宜開導授與經法莫不承用在意所願皆令得道佛所遊履國邑丘聚靡不蒙化天下和順日月清明風雨以時災厲不起國豐民安兵戈無用崇德興仁務修禮讓佛言我哀愍汝等諸天人民甚於父母念子今我於此世作佛降化五惡消除五痛絕滅五燒以善攻惡拔生死之苦令獲五德升無為之安吾去世後經道漸滅人民諂偽復為眾惡五燒五痛還如前法久後轉劇不可悉說我但為汝略言之耳佛語彌勒汝等各善思之轉相教誡如佛經法無得犯也於是彌勒菩薩合掌白言佛所說甚善世人實爾如來普慈哀愍悉令度脫受佛重誨不敢違失佛告阿難汝起更整衣服合掌恭敬禮無量壽佛十方國土諸如來常共稱揚讚歎彼佛無著無礙於是阿難起整衣服正身西面恭敬合掌五體投地禮無量壽佛白言世尊願見彼佛安樂國土及諸菩薩聲聞大眾說是語已即時無量壽佛放大光明普照一切諸佛世界金剛圍山須彌山王大小諸山一切所有皆同一色譬如劫水彌滿世界其中萬物沈沒不現滉瀁浩汗唯見大水彼佛光明亦復如是聲聞菩薩一切光明皆悉隱蔽唯見佛光明耀顯赫爾時阿難即見無量壽佛威德巍巍如須彌山王高出一切諸世界上相好光明靡不照耀此會四眾一時悉見彼見此土亦復如是爾時佛告阿難及慈氏菩薩如見彼國從地已上至淨去天其中所有微妙嚴淨自然之物為悉見不阿難對曰唯然已見汝寧復聞無量壽佛大音宣布一切世界化眾生不阿難對曰唯然已聞彼國人民乘百千

由旬七寶宮殿無所障礙徧至十方供養諸佛汝復見不對曰已見彼國人民有胎生者汝復見不對曰已見其胎生者所處宮殿或百由旬或五百由旬各於其中受諸快樂如忉利天上亦皆自然爾時慈氏菩薩白佛言世尊何因何緣彼國人民胎生化生佛告慈氏若有衆生以疑惑心修諸功德願生彼國不了佛智不思議智不可稱智大乘廣智無等無倫最上勝智於此諸智疑惑不信然猶信罪福修習善本願生其國此諸衆生生彼宮殿壽五百歲常不見佛不聞經法不見菩薩聲聞聖衆是故於彼國土謂之胎生若有衆生明信佛智乃至勝智作諸功德信心迴向此諸衆生於七寶華中自然化生跏趺而坐須臾之頃身相光明智慧功德如諸菩薩具足成就復次慈氏他方諸大菩薩發心欲見無量壽佛恭敬供養及諸菩薩聲聞聖衆彼菩薩等命終得生無量壽國於七寶華中自然化生彌勒當知彼化生者智慧勝故其胎生者皆無智慧於五百歲中常不見佛不聞經法不見菩薩諸聲聞衆無由供養於佛不知菩薩法式不得修習功德當知此人宿世之時無有智慧疑惑所致佛告彌勒譬如轉輪聖王有七寶牢獄種種莊嚴張設牀帳懸諸繒蓋若有諸小王子得罪於王輒內彼獄中繫以金鎖供養飯食衣服牀蓐華香伎樂如轉輪王無所乏少於意云何此諸王子寧樂彼處不對曰不也但種種方便求諸大力欲自勉出佛告彌勒此諸衆生亦復如是以疑惑佛智故生彼七寶宮殿無有刑罰乃至一念惡事但於五百歲中不見三寶不得供養修諸善本以此爲苦雖有餘樂猶不樂彼處若此衆生識其本罪深自悔責求離彼處卽得如意往詣無量壽佛所恭敬供養亦得徧至無量無數諸餘佛所修諸功德彌勒當知其有菩薩生疑惑者爲失大利是故應當明信諸佛無上智慧彌勒菩薩白佛言世尊於此世界有其所不退菩薩生彼國佛告彌勒於此世界六十七億不退菩薩往生彼國一一菩薩已曾供養無數諸佛次如彌勒者也諸小行菩薩及修習少功德者不可稱計皆當往生佛告彌勒不但我刹諸菩薩等往生彼國他方佛土亦復如是其第一佛名曰遠照彼有百八十億菩薩皆當往生其第二佛名曰寶藏彼有九十億菩薩皆當往生其第三佛名曰無量音彼有二百二十億菩薩皆當往生其第四佛名曰甘露味彼有二百五十億菩薩

皆當往生其第五佛名曰龍勝彼有十四億菩薩皆當往生其第六佛名曰勝力彼有萬四千菩薩皆當往生其第七佛命曰師子彼有五百菩薩皆當往生其第八佛名曰離垢光彼有八十億菩薩皆當往生其第九佛名曰德首彼有六十億菩薩皆當往生其第十佛名曰妙德山彼有六十億菩薩皆當往生其第十一佛名曰人王彼有十億菩薩皆當往生其第十二佛名曰無上華彼有無數不可稱計諸菩薩衆皆不退轉智慧勇猛已曾供養無量諸佛於七日中即能攝取百千億劫大士所修堅固之法斯等菩薩皆當往生其第十三佛名曰無畏彼有七百九十億大菩薩衆諸小菩薩及比丘等不可稱計皆當往生佛語彌勒不但此十四佛國中諸菩薩等當往生也十方世界無量佛國其往生者亦復如是甚多無數我但說十方諸佛名號及菩薩比丘生彼國者晝夜一劫尙未能盡我今爲汝略說之耳佛語彌勒其有得聞彼佛名號歡喜踊躍乃至一念當知此人爲得大利則是具足無上功德是故彌勒設有大火充滿三千大天世界要當過此聞是經法歡喜信樂受持讀誦如說修行所以者何多有菩薩欲聞次經而不能得若有衆生聞此經者於無上道終不退轉是故應當專心信受持誦說行吾今爲諸衆生說此經法令見無量壽佛及其國土一切所有所當爲者皆可求之無得以我滅度之後復生疑惑當來之世經道滅盡我以慈悲哀愍特留此經止住百歲其有衆生值斯經者隨意所願皆可得度佛語彌勒如來興世難値難見諸佛經道難得難聞菩薩勝法諸波羅蜜得聞亦難遇善知識聞法能行此亦爲難若聞斯經信樂受持難中之難無過此難是故我法如是作如是說如是敎應當信順如法修行爾時世尊說此經法無量衆生皆發無上正覺之心萬二千那由他人得淸淨法眼二十二億諸天人民得阿那含果八十萬比丘漏盡意解四十億菩薩得不退轉以弘誓功德而自莊嚴於將來世當成正覺爾時三千大天世界六種震動大光普照十方國土百千音樂自然而作無量妙華芬芬而降佛說經已彌勒菩薩及十方來諸菩薩衆長老阿難諸大聲聞一切大衆靡不歡喜

* 이 원문은 신수대장경 제 12권에 있는 한문을 그대로 발췌하였음

『극락세계 2』 관무량수불경에 대하여

극락세계를 한번 보고 싶은가.
눈으로 직접 확인해 보고 싶은가.
직접 보아야 그러한 세계가 분명 있다고 이제 믿을 것인가.
그렇다면 그 세계를 지금 이 땅에서 직접 볼 수 있는 방법을 가르쳐 드리리라.

지금부터 2600여 년 전쯤 중부 인도에 부국강병으로 경쟁하던 두 나라가 있었다. 하나는 카필라 왕국이었고 또 하나는 마가다 왕국이었다. 그 두 나라의 왕들은 모두 다 덕망 있는 군주들로서 백성들을 어짊으로 잘 다스렸기 때문에 인도 전역에서 가장 살기 좋고 가장 평화로운 나라로 손꼽히게 되어 모든 작은 나라 왕들이 매우 부러워하고 있었다.

그러나 우연하게도 그 두 나라의 왕에게는 나이가 모두 50이 다 되어가는데도 아들이 없었다. 무엇 하나 부족함이 없는 부유한 나라들이었지마는 이상하게도 그들 사이에는 후손이 생겨나지 않았다.

그러다가 카필라 국에서 싯다르타 태자가 태어났다. 그 소식을 들은 마가다 국의 빔비사라 왕은 미칠 것만 같았다. 팽팽하게 맞서오던 균형이 무너지고 모든 세력이 이제 카필라 국의 정반왕에게 넘어간다고 생각하니 앞날이 불안해서 견딜 수가 없었다.

그도 이제 기필코 왕자를 가져야 되겠다는 일념으로 전국에 산재해 있는 모든 신전에 수많은 은전을 내리고 복을 빌어 아이를 낳게 해 달라고 간곡히 기도를 했다. 그러나 별 효험이 없었다. 이웃의 싯다르타 태자는 나날이 성장해 가고 있는데 그에게는 왕자가 태어날 기미조차 없으니 그 초조감은 이루 말할 수 없었다. 그래서 밤마다 잠을 이루지 못하고 백방으로 노력하였지만 결과는 모두 헛일로 끝이 나 버렸다.

그러다가 전국에서 이름난 모든 주술가와 점술가를 궁중으로 불러 들였다. 그 중에서도 가장 신통하게 미래를 잘 예언한다는 한 명의 선인을 힘들게 가려내어 그에게 은밀히 물어 보았다.

"내 팔자에는 정녕 자식이 없는가?"

"왕으로 태어나 덕으로 나라를 다스릴 수 있는 힘은 전생에 수많은 공덕을 지었기 때문입니다. 그런데 어찌 자식이 없겠습니까."

"그런데도 나는 왜 자식이 없는가?"

"대왕에게 자식이 없는 것이 아니라 대왕의 혈통을 받고 태어날 만한 복을 가진 자가 아직 없기 때문입니다. 즉 대왕을 아버지로 모시고 태어날 만한 복을 가진 자식이 없다는 것입니다."

"아무 자식이나 하나 생겼으면 좋겠다. 복이 있건 복이 없건 간에."

대왕은 애가 탔다. 거지 자식이라도 좋으니 자식만 하나 있었으면 좋겠다고 그는 넋두리를 했다.

"그렇지 않습니다. 고양이는 고양이새끼를 낳고 호랑이는 호랑이새끼를 낳습니다. 모두 다 자기의 분수와 복덕에 따라 자기에게 맞는 자식이 태어나 같이 어우러져 살게 됩니다. 대왕의 가계에는 훗날 왕이 될 그런 재목이 태어나게 될 것입니다. 복이 없는 정령들은 왕비마마의 태중에 들어갈 수가 없습니다. 그런데도 만약 복덕이 갖추어지지 않는 정령(精靈)을 억지로 태중(胎中)에 착임시키면 대왕도 나라도 그 복 없는 자식에 의해 엄청난 고통을 받게 될 것입니다."

"자식이 없다는 것, 그것 자체가 이미 고통이 아닌가? 더군다나 저 카필라 국의 싯다르타 왕자는 나날이 커가고 있는데, 이러다가 후일 내 나라가 저 왕자에게 빼앗기지나 않겠는가?"

"그렇지 않습니다. 대왕에게는 엄청난 복덕이 있기 때문에 그 복덕의 힘이 있는 한 결코 나라가 망하지 않습니다. 그러나 복이 없는 자식이 태어나면 대왕의 복을 그 왕자에게 반으로 나누어 주어야 하기 때문에 적은 복덕을 갖고서는 나라가 이처럼 계속 풍요하게 유지될 수가 없습니다."

"그렇다면 내 평생에 결국 왕자를 보지 못한다는 말인가?"

"그렇지 않습니다. 단 한 명이 대왕의 왕자로 태어날 복을 거의 완벽하게 다 쌓아가고 있습니다. 그 복이 완전해지면 그가 곧 죽게 되고, 그러면 이내 왕비마마의 태중에 잉태되고 드디어 아주 고귀한 신분의 왕자로 탄생할 것입니다."

그 소리를 듣고 대왕은 눈이 휘둥그레졌다.

"그가 도대체 누구이며, 지금 어디에서 무엇을 한다는 말인가?"
대왕은 마른침을 삼키며 숨쉴 틈도 주지 않고 그 점술가를 다그쳤다.
"그는 선인(仙人)이며 현재 비부라 산 동굴에서 수행을 하고 있습니다."
"가자. 내가 직접 찾아가리다."
대왕은 벌떡 일어나면서 소리쳤다. 점술가가 황급히 그의 앞을 가로막으면서,
"기다리셔야 합니다. 그가 대왕의 태자로 태어나는 복을 완벽하게 구비하려면 아직도 삼 년이나 더 계속해서 수행을 해야 합니다. 지금 가시면 그의 수행에 장애가 생겨 그만큼 복덕을 쌓는 기간이 길어질 수도 있습니다."
대왕은 생각했다. 3년 동안이나 기다려야 하다니, 그 시간은 너무 길다. 3년 동안 저 정반왕과 모든 왕들의 눈치를 보아가며 비웃음을 받아야 하다니, 이왕 내 자식으로 태어나게 되어 있다면 그것은 빠르면 빠를수록 좋은 것이 아닌가.
그는 결심하고 일어섰다. 그 선인과 담판을 지어야 되겠다고 생각하고 군사들을 지휘하여 비부라 산으로 말을 달려 나아갔다. 그리고는 이 잡듯이 그 산을 뒤져 동굴에 은거하고 있던 백발의 수행자를 간신히 찾아내었다. 왕은 모든 신하들과 군사들을 뒤로 물리고 선인과 담판을 짓기 시작했다.
"언제 죽을 것인가?"
"3년이 남았습니다."
"그 때까지 기다릴 수 없다. 지금 죽어서 내 왕자로 태어나도록 하

시오."

대왕은 윽박지르듯이 애걸했다.

"아니 됩니다. 그러면 천리를 어기게 됩니다. 내가 지금 스스로 죽는다고 해도 이 복을 가지고서는 대왕의 자식이 될 수가 없습니다. 기껏해야 공주 정도로 태어나는 복밖에는 아직 되지 않습니다. 3년이 지나야만이 대왕의 위업을 달성할 수 있는 덕망 있는 태자로 태어날 수가 있습니다. 기다려 주십시오."

그는 다시 생각했다. '3년은 너무 길다. 만약 내가 지금 자식을 가지면 전 세계가 깜짝 놀랄 정도로 큰 사건이 될 수 있는 일인데, 3년 동안 기다려야 한다니 그것은 절대 안 될 말이다. 내가 그 때까지 기다리다가 혹 정신이 혼미하여 선정을 베풀지 못해 복덕을 소비하기라도 한다면 나는 나라도 왕자도 모두 다 잃을 수도 있는 것이 아닌가'라고 생각하니 한시가 더욱 급하게 느껴졌다.

"지금은 도저히 죽을 수가 없다는 말인가? 그대의 신통 같으면 분명 왕자나 공주 몸 정도는 쉽게 바꿀 수 있을 터인데."

"3년만 기다려 주십시오. 복을 완벽하게 갖추어야 내가 대왕의 뒤를 이었을 때 나라가 태평하고 백성이 안락할 수 있습니다. 복덕이 갖추어지지 않는 자가 왕위를 계승하면 천지가 어지럽고 백성이 불안할 뿐만 아니라 나라에 큰 재난이 그치질 않게 됩니다."

선인은 애원했다. 그러면서 또,

"카필라 국에 태어난 싯다르타 태자는 분명 부처가 될 것입니다. 나는 전륜성왕이 되어 전 세계를 통일하여 하나의 거대한 동일국가로 만들 자신이 있습니다."

그러나 그 애원이 대왕의 귀에 들어갈 리가 없었다. 그는 칼을 빼어 들었다. 그리고는 애원하며 부복하고 있는 선인의 목을 내리쳤다. 비밀을 유지하기 위하여 그 점술가도 그 자리에서 목을 베었다. 피비린내가 바람을 타고 비부리 산을 짙게 훑고 지나갔다.

그로부터 왕비 위제희에게 태기가 있었다. 그 선인의 영혼이 잉태된 것이 분명했다. 왕과 대신들은 기쁨에 들떠 있었다. 이제 당당하게 왕자를 가진 대국의 왕이 될 수 있다는 데 대하여 큰 위안을 가지게 되었다.

드디어 아주 잘 생긴 왕자가 탄생했다. 왕은 성대한 잔치를 베풀고 모든 죄수들을 특별사면했다. 모든 이웃나라들이 문전성시를 이루며 태자의 탄생을 축하하고 진귀한 예물을 바쳤다. 대왕은 이제 부러울 것이 없었다.

잔치가 무르익어갈 때 대왕은 정반왕이 그러했던 것처럼 유명한 관상가를 불러 태자의 관상을 보아 달라고 부탁했다.

"왕자의 얼굴에 원한이 서려 있습니다. 이것은 태어나기 이전부터 대왕과 무슨 원한이 얽혀 있는 것이 틀림없습니다. 잘못 하다가는 큰 화를 당할 수도 있습니다. 나라마저 위태롭게 될는지 모릅니다."

그 말을 듣고 빔비사라 왕은 새삼스럽게 깜짝 놀라지 않을 수 없었다. 선인은 결국 원한을 가지고 태어났던 것이다. 그래서 그의 이름을 아사세(Ajātasattu)라고 했다. 그 뜻은 태어나기 전부터 이미 원한을 가졌다는 의미로 미생원(未生怨)이라고 번역된다.

왕은 큰 고민에 빠졌다. 이제 어떻게 할 도리가 없었다. 그는 관상가를 옥에 가두고 왕비와 함께 왕자를 안고 큰 누각 위로 올라가 술을 줄기차게 퍼마시기 시작했다. 이 아이가 장성했을 때를 생각하니 두려움이 일어나 몸서리가 쳐지는 것이었다.

그는 술에 취해 혼미한 상태로 결국 아이를 누각 아래로 떨어뜨려 버렸다. 즉사를 했으면 좋겠다고 생각했는데 이상하게도 엄지손가락 하나만 부러지고 멀쩡한 상태로 구성지게 울고 있었다. 그 때부터 그 아이는 손가락 하나만 부러졌다고 해서 절지(折指)라는 별명을 얻게 되었다.

아무리 원한을 갖고 태어났다고 해도 일단 자기 자식으로 태어났고 또 저렇게 슬피 울고 있는 것을 보니 측은하기가 이를 데 없어 왕은 가급적 모든 것을 잊고 그 태자를 잘 키우기로 결심했다. 왕자는 어쨌거나 부왕의 바람대로 씩씩하게 무럭무럭 자라났다. 아무런 일도 없는 것처럼 준수한 모습에다 장대한 기골로 모든 학문과 무예를 연마하면서 왕위를 이어받을 재목으로 나날이 성장해 나아갔다.

어느날 싯다르타 태자가 출가를 했다는 소식이 전해지자 빔비사라 왕은 그제야 한시름 놓게 되었다. 이제 카필라 왕국은 자기의 경쟁국이 될 수 없다는 안도감이 들었던 것이다. 더군다나 그의 왕자는 어느새 건장한 청년 태자가 되어 있었고, 이제 인도 전역을 아무런 장애없이 하나로 통일하는 데 큰 장애가 되었던 걸림돌도 속시원하게 사라져 버렸기 때문이었다.

한편 싯다르타 태자가 대각(大覺)을 이루어 부처가 되었다는 소식이 인도 전역에 퍼져 나갔다. 그 소식을 매우 충격적으로 전해 들은 곡반왕의 아들, 즉 부처님에게는 사촌동생이 되고 아난 존자에게는 친형이 되는 제바달다가 출가를 했다.

그는 어릴 때부터 언제나 싯다르타 태자를 시기하고 질투해 왔다. 태자는 그 때문에 여러 번 아주 헤어 나오기 힘든 어려운 일에 봉착되기도 했다. 이제 그가 불교교단에 들어와 복 없는 부처님제자 500여 명을 감언이설로 꾀어 그의 제자로 만들어 버렸다. 그리고는 따로 하나의 독립된 교단을 만들어 언제나 부처님께 사사건건 시비하고 맞서면서 늘 도전적으로 부처님을 모함해 궁지에 몰아 넣으려고 안간힘을 썼다. 어떻게 해서든지 부처를 파멸시켜야 되겠다는 일념으로 온갖 술수와 유언비어를 사방으로 퍼뜨리고 다녔다.

그는 부처를 죽이고 자기가 부처가 되어 전 인류의 사표가 되고 전 중생계의 귀의처가 되어야 되겠다는 야심으로 가득차 있었다. 그러다가 드디어 아사세를 만나 그에게 권력의 힘을 빌려야 되겠다고 생각했다.

그래서 아사세 태자를 유혹하여 아버지를 죽이고 전륜성왕이 되라고 부추기기 시작했다. 그러면 자기는 부처를 살해하고 부처가 되겠다고 했다. 그러면 천하가 우리 것이고 그것을 함께 공유해서 태평성세를 누리자고 했다.

그 소리를 들은 아사세 태자는 이제 과거의 원한이 자기도 모르는 사이에 불현듯 일어나기 시작했다. 아무 이유도 없이 그저 부왕과 모후가 미워지기 시작했다. 그렇게도 자기를 애지중지 곱게 키워 주셨는데 어찌된 일인지 이제 부왕의 모습과 목소리는 물론 그를 죽이고 싶은 충동이 강하게 일어나기 시작했다.

아사세 태자는 내면에서 치솟아오르는 원한을 억누르지 못하고 결국 반역을 일으키고 부왕을 감옥에 가두어 버렸다. 그리고는 바로 모든 왕권을 찬탈하여 즉시 왕위에 올랐다. 그와 동시에 제바달다를 왕사로 추대하였다. 이것이 바로 왕사성에서 일어난 희대의 비극적 사건인 것이다.

하루 아침에 역적이 된 왕은 피를 토할 것 같은 울분을 삼켜야 했다. 아무리 원한을 갖고 태어났다 하더라도 이제까지 그렇게 잘 키워 왔는데 이럴 수는 없는 일이라고 새삼 원통해 했다. 그는 왕사성의 궁전에 있는 일곱 겹으로 된 감옥에 깊이 갇혀 버렸다.

아사세는 그 누구도 면회를 하거나 그 누구도 그를 위하는 자가 있다면 똑같은 역적으로 취급하겠다고 칙령을 내렸다. 단지 어머니인 위제희 왕비만은 예외로 부왕을 만날 수 있도록 허락되었으나 음식만은 절대로 반입할 수 없다고 조건을 달았다. 그는 아버지를 그 곳에서 굶겨 죽일 작정이었다.

위제희 왕비는 그의 남편을 위해 깨끗하게 목욕을 하고 온 몸에 꿀을 발랐다. 목걸이에 달린 영락구슬을 빼내고 그 보석알집을 포도즙통에 넣어 포도즙이 구멍마다 가득 차게 만들었다. 그리고는 깨끗한 옷으로 갈아입고 목걸이를 다시 목에 걸고 감옥을 드나들었다. 왕비 위제희가 올 때마다 왕은 왕비의 몸에 바른 꿀을 핥아 먹고 적셔진 포도즙으로 목을 추겨가며 목숨을 연명해 나갔다.

왕비가 가고 나면 그는 무릎을 꿇고 왕사성 동북쪽에 위치한 기사굴산에서 변함없이 설법하고 계시는 부처님을 애타게 불렀다. 비극적인 자기의 처지를 하소연하고 싶었을 것이다. 목련 존자만 오면 이까짓 감옥 같은 것은 문제없이 뚫고 나갈 수 있다고 생각했는지 늘 목련 존자를 보내 달라고 부처님께 기도로 애원했다.

부처님은 그의 애타는 기도를 받아들이고 바로 목련 존자를 감옥으로 보내 주었다. 왕은 목련 존자가 나타나자 어린아이처럼 엉엉 울면서 자기를 여기서 끄집어내 달라고 간청했다.

"존자여, 나는 왕위에 올라 이제까지 선정을 베풀어 왔고, 또 삼보를 받들면서 공덕과 수행을 닦아 왔습니다. 또 부처님이 우리 나라에 머무시도록 하기 위해 기사굴산에 수도원을 지어 올렸습니다. 저를 풀어 주소서. 존자여."

그의 간청을 듣고 목련 존자는 매우 안타까운 표정을 지으면서 이렇게 말했다.

"대왕이여. 당신은 전생에 선인을 살해한 그 악연으로 이렇게 갇히는 신세가 되었습니다. 그 악연은 아무도 풀어줄 수가 없습니다. 내가 비록 대왕을 여기서 데리고 나간다 하더라도 그 원한은 결코 사라지지 않습니다. 지금은 피하는 것 같지만 그것이 내생에는 오히려 더 참혹한 과보가 될 지 모릅니다. 인과를 받으셔야 합니다."

목련 존자는 대왕의 마음을 가라앉히고 그에게 진정으로 참회할 것을 권했다. 그리고는 그가 지켜야 되는 8계를 주면서 이제부터는 악한 인연을 맺지 말도록 당부했다.

부처님은 다시 설법제일의 부루나 존자를 시시때때로 보내어 왕을 위로하고 그에게 최고의 인과법문을 설하도록 배려해 주셨다.

아사세 왕이 부왕의 주검을 확인하기 위하여 감옥에 들어온 것은 21일이 지난 후였다. 분명 굶어 죽었을 거라고 생각하고 찾아온 그에게 보여진 왕의 안색은 너무나도 깨끗하고 평화스러워 보이는 것이었다. 매우 놀라고 또 한편 크게 실망한 그는 도대체 어떻게 된 일이냐고 문지기를 보고 다그쳤다. 문지기는 두려움에 떨면서 모든 상황을 사실대로 고해 바쳤다.

자초지종을 듣고 난 아사세 왕은 몸을 부르르 떨면서,

"아아. 나의 어머니도 역적과 한 통속이구나. 거기다가 출가한 악당들이 요사스런 신통술을 부려 이 역적왕을 여태껏 살려 두었구나. 용서하지 않으리라."

아사세 왕은 대노하여 차고 있던 칼을 뽑아들고서 어머니인 위제희 왕비가 머무르는 곳으로 뛰어가 그녀를 단칼에 베어버리려고 달려 들었다. 그것을 보고 있던 부처님의 주치의인 기바가 기겁을 하며 그 칼을 빼앗으려 하면서 큰 소리로,

"우리 역사상에 부왕을 폐하고 왕위를 차지한 일은 일만팔천 번이나 됩니다. 하지만 단 한 번도 무도하게 어머니를 죽였다는 말은 없습니다. 어머니를 살해한다는 것은 극악무도한 짓이며 왕족의 명예를 손상시키는 일입니다."고 꾸짖었다.

그 꾸짖음에 흠칫 놀란 왕은 왕비를 죽이지 못하고 왕비마저 궁전의 깊숙한 골방에 가두고 다시는 밖으로 나오지 못하도록 문지기에게 엄명을 내렸다.

자기까지 이제 감옥에 갇힌 몸이 되자 위제희 부인은 남편의 생사와 앞일이 걱정이 되어 안절부절하면서 기사굴산의 부처님을 향해 심장이 터질 것 같은 감정을 억누르고 간절히 애원하기 시작했다.

"오, 부처님이시여, 목련 존자와 아난 존자를 보내어 저를 위로케 해 주시옵소서. 그들은 저희들이 왕위에 있을 때 자주 드나들던 친

분있는 존자들이옵니다.

위제희는 절망 속에서 비오듯 눈물을 흘리며 부처님을 향해 무릎을 꿇고 애걸하였다. 부처님은 즉시 목련 존자와 아난 존자를 미리 보내어 위제희를 위로하도록 당부하셨다. 그리고 뒤이어 부처님도 기사굴산에서 몸을 감추어 위제희가 갇힌 골방 위의 하늘에 나타나셨다.

위제희가 고개를 들어보니 뜻밖에도 부처님이 직접 허공 중에 홀연히 태양처럼 나타나 계시는 것이 아닌가. 그녀는 뜻밖에 부처님께서 직접 오신 것을 보자 너무 반가워서 어찌할 줄을 모르다가 이내 두르고 있던 모든 귀금속들을 벗어버리고 땅에 엎드려 통곡하면서 부처님께 말씀드리기 시작했다.

"세존이시여, 저는 과거 숙세에 무슨 죄가 있어서 이렇게 악독한 아들과 인연을 맺게 되었사옵니까? 이 인간 세상은 이제 신물이 날 정도로 싫습니다. 이렇게 법도가 없고 사나운 세상에는 이제 두 번 다시 태어나고 싶지 않사옵니다. 부처님이시여, 다음 세상에는 이제 이러한 무리들이 없는 곳에 가 태어나고 싶사옵니다. 그런 곳이 있다면 애원하오니 가르쳐 주시옵소서."

그 눈물어린 애원을 듣고 부처님은 양미간에서 찬란한 금색광명을 놓아 허공계에 산재해 있는 모든 부처님나라들을 고루고루 보여주시면서 그 중에 어느 하나의 세계를 선택하라고 하셨다.

"부처님이시여, 저는 그 중에서도 아미타불이 계시는 극락세계에 가서 태어나기를 원하옵니다. 오직 바라옵건대 세존이시여, 저에게 극락세계에 왕생할 수 있는 마음가짐과 수행법을 가르쳐 주시옵소서."

　이렇게 해서 부처님은 그녀에게 극락세계에 태어나는 방법과, 이 세상에서 극락세계를 직관해서 육안으로 볼 수 있는 열여섯 가지의 방법을 세분해서 그녀에게 설법해 주셨다. 그 설법이 바로 극락세계를 가르친 세 가지 경전 가운데 하나인 관무량수경이 된 것이다.

　그러므로 누구든지 극락세계를 이 땅에서 직접 보고 싶어하는 자가 있다면 위제희 왕비가 중심인물이 되어 나오는 그 관무량수경을 지성껏 읽어보기 바란다. 혹 그럴 인연이 되지 못한다면 본 천납이 새롭게 그 경을 번역하여 시중에 내어 놓았을 때 그것을 읽어보고 그 방법을 배워 익히기 바란다.

　어쨌거나 아사세 왕은 그의 부모를 왕궁에 유폐시켜 놓고 모진 고통과 학대를 가해 가슴속에 맺어진 그 원한을 속시원히 모두 다 풀려고 했다. 그러다가 결국 둘 다 죽여야 되겠다고 결심하고 형리를 시켜 형장으로 데리고 가 목을 베라고 명령하였다.

　그 때 우연하게도 그의 왕자가 우렁찬 울음을 토하며 태어났다. 그 소식을 듣고 기쁨을 이기지 못한 아사세 왕은 이렇게 소리쳤다.

　"왕자가 태어났다. 내 아들이 태어났다. 이제 이 왕권을 물려줄 태자가 드디어 태어났다."고 펄쩍펄쩍 뛰며 내전을 돌아 다녔다. 그러다가 뇌리에 문득 이런 생각이 스치는 것이었다.

　'나의 부모도 나를 낳고 이렇게 기뻐했을 것이 아닌가'라는 생각이 순간적으로 들자 그는 급히 호위병을 불러 들였다.

　"시간이 없다. 지체없이 말을 달려 형장으로 가라. 사형은 취소한다. 내 부모를 죽이지 마라. 최고의 예의로 정중히 모셔오도록 하라."

호위병은 바람같이 형장으로 말을 달렸다. 멀리 형장이 다가오고 있었다. 그는 고함을 질렀다. 정지다. 정지하라. 어명이다.

그러나 그 소리는 바람과 함께 말발굽 소리에 파묻히고 있었다.

그가 형장에 거의 도착할 즈음에 빔비사라 왕과 위제희 왕비는 피를 쏟으며 땅바닥에 나뒹굴고 있었다.

아사세 왕은 그 소식을 듣고 이제 그 부모님의 은혜를 어떻게 갚을까에 대해서 대성통곡하기 시작했다. 이 극악무도한 악행을 어떻게 용서받아야 될 것인지 그는 거의 미칠 것만 같았다.

그 죄로 인해 그의 온몸에는 종창이 돋아나기 시작해 끊임없이 그를 괴롭혔다. 그 고통은 너무나 극심하여 죽기보다도 더 고통스러운 나날을 보내야 했다. 그는 견디다 못해 끝내 부처님을 찾아가 무릎을 꿇고 지성으로 참회하기에 이르렀다.

그리고 8년 뒤 부처님이 열반에 드실 때까지 성심성의껏 그분을 공경하고 그분께 공양을 드리면서 그분의 가르침을 받아 부지런히 공덕을 짓고 업장을 녹여 나갔다. 그리고 32년의 재위 기간 동안 덕으로 백성을 잘 보호하고 나라를 안락하고 풍요롭게 하는 데 정열을 다 쏟았으며, 아울러 수행하는 데 있어서도 조금도 게을리하지 않았다.

부처님께서 세연을 따라 열반에 드시고 난 뒤 모든 대중들이 필발라 굴에서 부처님 말씀을 경전으로 엮고 있을 때도 그는 외부의 큰 외호자가 되어 그 불사를 원만히 이룰 수 있도록 물심양면으로 지극히 후원하였다고 전해오고 있다.

생각이 저열한 자들은 언제나 저열한 곳만을 기웃거린다.
저열한 곳만이 죄업에 지친 마음이 기댈 수 있는
유일한 버팀목이 되어주기 때문이다.
그래서 그들은 귀신이 보인다는 사람만 찾아 다닌다.

생각이 고상한 자들은 언제나 고상한 곳만을 찾아 다닌다.
고상한 곳만이 그들의 인생을 풍요하게 살찌워주기 때문이다.
그래서 그들은 언제나 부처가 보인다는 수행자들만 찾아다닌다.
그래야만이 그들도 부처를 볼 수 있기 때문이다.

극락세계 1
불설무량수경

초판 발행 1997년 11월 30일
초판 7쇄 2015년 3월 17일

역자_ 공파 무구
발행인_ 박상근(至弘)
주간_ 류지호
편집_ 김선경, 양동민, 이기선, 양민호
제작_ 김명환
홍보마케팅_ 허성국, 김대현, 박종욱, 한동우
관리_ 윤애경

펴낸 곳   불광출판사
110-140 서울시 종로구 우정국로 45-13, 3층
대표전화   02-420-3200
편집부   02-420-3300
팩시밀리   02-420-3400
www.bulkwang.co.kr

출판등록 제1-183호(1979.10.10)
ISBN 978-89-7479-616-7, 03220

ⓒ 공파, 1997

• 잘못된 책은 바꾸어 드립니다.
값 10,000원